ANTONIO MARCHETTA

Potestà della Regione siciliana in materia tributaria e federalismo fiscale

TUTTI I DIRITTI RISERVATI
VIETATA LA RIPRODUZIONE

Diritti di traduzione, di riproduzione, di
memorizzazione digitale, o comunque con qualsiasi
altro strumento, sono riservati in tutti gli Stati

© copyright 2012 Antonio Marchetta
Ng - Roma
http://www.notegiurisprudenziali.it
ISBN 978-1-326-77872-9

INDICE

CAPITOLO III
L'AUTONOMIA FINANZIARIA DELLA
REGIONE SICILIANA

Introduzione

L'obiettivo del presente studio è quello di tracciare un percorso dell'esperienza di decentramento fiscale, sia costituzionale sia di legislazione ordinaria, in atto nel nostro ordinamento giuridico per affrontare, in modo più specifico, il tema dell'autonomia di imposizione fiscale della Regione siciliana.

Il lavoro è strutturato in tre capitoli.

Il primo capitolo è dedicato al federalismo fiscale in generale, verranno affrontate le principali teorie che lo informano, le quali sono riconducibili agli studiosi Tiebout, Oates e Buchanan.

Tali teorie hanno delle applicazioni concrete, perché l'adesione all'una o all'altra tesi porterebbe ad uno sviluppo territoriale e sociale diverso. In questo senso si dimostrerà come sia più aderente all'ordinamento italiano un tipo di federalismo di tipo solidale, ciò per permettere a tutte le aree territoriali di potere competere con risorse adeguate, soprattutto alla luce di una competizione in ambito europeo e globale. Il sottosviluppo di un'area territoriale, infatti, non permette l'accrescimento complessivo dell'intero sistema, in questo senso è necessario predisporre strutture e strumenti idonei per fronteggiare questo problema.

A tal fine verrà anche evidenziata la differenziazione, fondamentale per continuare l'analisi, fra il modello statale di tipo regionale ed il modello federale. Appare rilevante accennare alle forme di Stato, perché quando si affronta la tematica relativa al federalismo fiscale, cioè alla c.d. "Costituzione finanziaria", non si può prescindere dall'affrontare la c.d. Costituzione di valori.[1]

Il secondo capitolo affronterà, invece, il tema più da vicino, passando dalla sfera teorica a quella delle previsioni costituzionali, cercando di evidenziare le novità apportate dalla riforma del Titolo V della Costituzione italiana nell'ambito del federalismo fiscale.

Le modifiche che sono state apportate a questa parte della Carta costituzionale hanno rimodellato i rapporti fra Stato centrale da un lato e Regioni ed Enti locali dall'altro, attraverso la modifica della ripartizione delle competenze (art. 117 Cost.) e la previsione di un certo grado di autonomia finanziaria di entrata e di spesa (art.119 Cost.).

Verrà dedicata un'ampia parte all'analisi alla legge delega n. 42 del 5 maggio 2009 (Delega al Governo in materia di federalismo fiscale, in attuazione dell'art. 119 della Costituzione), per cercare di comprendere quale dovrebbe essere l'assetto che l'ordinamento italiano andrà ad assumere con i decreti attuativi recentemente approvati. Nel corso dell'analisi degli strumenti previsti dalla legge delega, verrà messo in evidenza come si tratti di uno strumento troppo enunciativo e contenente soltanto indicazioni di carattere generale privi di contenuto sostanziale.

---

[1] In questo senso si veda G. GIARDA, *Regioni e federalismo fiscale*, Bologna, 1995, p 18; per una visione più specifica, invece, si veda E. CORALLI, *Federalismo fiscale e Costituzione. Essere e dover essere in tema di autonomia di entrata e di spesa di Regioni ed Enti locali*, Milano, 2010.

Successivamente verrà affrontato il tema dell'attuazione concreta della legge delega n. 42/2009, con l'emanazione degli otto decreti legislativi ad oggi definitivamente approvati: D.lgs. n. 85 del 28 maggio 2010 (G.U.R.I. n. 134 dell'11 giugno 2010); D.lgs. n. 156 del 17 settembre 2010 (G.U.R.I. n. 219 del 18 settembre 2010); D.lgs. n. 216 del 26 novembre 2010 (G.U.R.I. n. 294 del 17 dicembre 2010); D.lgs. n. 23 del 14 marzo 2011 (G.U.R.I. n. 67 del 23 marzo 2011); D.lgs. n. 68 del 6 maggio 2011 (G.U.R.I. n. 109 del 12 maggio 2011); D.lgs. n. 88 del 31 maggio 2011 (G.U.R.I n. 143 del 22 giugno 2011); D.lgs. n. 118 del 23 giugno 2011 (G.U.R.I. n. 172 del 26 luglio 2011).

A livello comparativo saranno analizzati il modello spagnolo e tedesco.

La scelta del modello tedesco, rispetto ad altri ordinamenti federali, è dovuta alla peculiarità della Germania dopo l'unificazione del 1989 fra la parte ovest con la est ed i problemi connessi all'integrazione di due sistemi economici, i quali non erano solamente diversi per struttura, ma anche per crescita economica e sociale. Proprio questa disomogeneità territoriale, sociale ed economica è analoga, per certi versi, alla situazione italiana, in cui l'asimmetria economica sta raggiungendo livelli di attenzione massima, con un nord fra le aree più ricche d'Europa ed un sud che non riesce ad emergere e che rischia di rimanere ulteriormente indietro rispetto alle sfide di livello europeo che dovranno essere affrontate nei prossimi anni.

A livello istituzionale, invece, il modello tedesco è molto distante da quello italiano, in quanto è strutturato su base federale e non regionale.

La scelta del modello spagnolo, invece, è ricaduta perché il suo assetto regionale, con le sue peculiarità ovviamente, è simile all'ordinamento italiano. In quest'ultimo caso si farà molto attenzione all'istituzione, in Spagna, del Fondo di Compensazione interterritoriale (articolo 156 della Costituzione spagnola del 1978), che è molto simile al fondo di perequazione previsto dall'articolo 119 (testo riformato) della Costituzione italiana.

Nel terzo capitolo, infine, verranno prese in considerazione i poteri di intervento tributario della Regione siciliana, prerogativa attribuita dall'art. 36 dello Statuto speciale della Regione siciliana, delle agevolazioni fiscali e del sistema perequativo per equilibrare la situazione economica della Regione rispetto al resto d'Italia (art. 38 Statuto).

Verrà evidenziato come la Regione siciliana in una sola occasione ha usato la potestà legislativa in materia tributaria, con la legge regionale n. 2 del 26 marzo 2002 (c.d. "Tributo ambientale") e in diverse occasioni ha cercato di applicare agevolazioni fiscali nell'ambito del proprio territorio di competenza, prerogativa fortemente frenata a livello giurisprudenziale prima dall'Alta corte per la Regione siciliana, oggi non più esistente, e poi con diverse sentenze della Corte costituzionale che ha individuato i requisiti affinché la Regione li possa introdurre senza "sconvolgere" l'intero assetto tributario dell'ordinamento complessivamente considerato, ponendo di fatto dei rilevanti limiti sostanziali al suo esercizio.

Per quanto riguarda, infine, il sistema perequativo dell'art. 38 dello Statuto, verrà analizzato il fatto che non abbia avuto una corretta e

11

piena applicazione, al punto che solamente dal 2000, dopo che vi era stata un'interruzione consistente nell'erogazione dei finanziamenti statali dal 1991 in avanti, il Fondo di solidarietà nazionale è stato integrato con l'impegno di risorse finanziarie per adempiere agli obblighi che ha lo Stato nei riguardi della Regione siciliana.

Con tali erogazioni si è consentito all'Ente di rendere attuali i crediti collocati nel mercato.

Con la legge finanziaria del 2007 è stato attribuito alla Regione siciliana un finanziamento di 60 milioni di euro per gli anni 2008 e 2009, finalizzato al risanamento ambientale dei luoghi di insediamento degli stabilimenti petroliferi presenti nel territorio siciliano.

Anche la tematica delle prospettive del federalismo fiscale, infine, verrà affrontata alla luce delle modifiche, ancora in stato di bozza, dello Statuto della Regione siciliana.

Verranno messi in evidenza i limiti e le contraddizioni degli schemi di riforma approntati, ed ancora in forma di bozza, degli articoli 36,37 e 38 dello Statuto della Regione siciliana.

Alla fine verrà affrontata la tematica relativa alla maggiore autonomia delle Regioni a statuto ordinario, alla luce della riforma costituzionale, e la relativa erosione di specialità di quelle ad autonomia differenziata e l'applicazione dell'articolo 10 della legge costituzionale n. 3 del 2001, la quale prevede, in merito, che "Sino all'adeguamento dei rispettivi statuti, le disposizioni della presente legge costituzionale si applicano anche alle Regioni a statuto speciale ed alle province autonome di Trento e di Bolzano per le parti in cui prevedono forme di autonomia più ampie rispetto a quelle già attribuite."

CAPITOLO I

TEORIA DEL FEDERALISMO FISCALE

1. Nozione generale di federalismo fiscale

Prima di affrontare in modo specifico le tematiche del federalismo fiscale bisogna definirne il significato nozionistico.

Quando si parla di federalismo fiscale, o *fiscal federalism* visto che il termine è di origine anglosassone, il riferimento non è soltanto agli ordinamenti giuridici strutturati su base federale,[2] come ad esempio gli Stati Uniti, ma riguarda anche gli Stati che organizzano il proprio apparato

---

[2] Le forme di Stato moderno, semplificando, possono essere ricondotte a tre modelli teorici: lo Stato unitario accentrato, in cui il ruolo decisivo e di indirizzo viene assunto dal potere centrale, evitando in tal modo il frazionamento del potere; lo Stato regionale, invece, è una variante dello Stato centrale, ma caratterizzato da una maggiore valorizzazione delle autonomie locali (*infra* § 2); lo Stato federale, infine, dà la massima autonomia agli enti regionali e locali. Per maggiori approfondimenti, anche in relazione fra Stato regionale e Stato federale, si veda P. CARETTI – G. TARLI BARBIERI, *Diritto regionale*, Torino, 2007, pp 2 ss.

amministrativo in modo decentrato a livello locale per la produzione di beni e servizi, rapportandolo in modo proporzionale ed ottimale con l'imposizione fiscale.[3]

Lo studio del federalismo fiscale ha ad oggetto il decentramento su livelli diversi delle funzioni pubbliche per il perseguimento dell'efficienza allocativa delle risorse, attraverso un'autonomia di imposizione fiscale mitigata da eventuali trasferimenti perequativi per riequilibrare le diverse aree in cui non c'è uniformità di ricchezza.[4]

---

[3] G. STEFANI, *Economia della finanza pubblica*, Padova, 1999, p 397.

[4] Questa è la concezione del federalismo c.d. solidaristico, che cerca di mitigare le esigenze locali di autonomia impositiva, di allocazione delle risorse e gli eventuali squilibri che si possono creare fra le aree ricche, che, a parità di aliquote fiscali, avrebbero un gettito maggiore da potere investire in servizi migliori per i propri cittadini, e aree con difficoltà economiche.

Gli elementi che possono determinare una diversità di erogazione di servizi fra aree ricche ed aree povere possono essere diverse. Questa differenza può essere determinata, principalmente, dal fatto che l'ente con maggiori risorse può impiegare maggiori quote per l'erogazione di determinati servizi, mentre l'ente con meno risorse deve utilizzare le risorse per coprire principalmente i bisogni prioritari di una comunità, a scapito di altri.

La differenza fra i vari enti autonomi, però, non necessariamente è di tipo strettamente economica, ma può essere determinata anche da scelte poco ponderate dell'amministratore locale nell'impiego delle risorse disponibili.

In ogni caso i servizi minimi devono essere garantiti, perché il cittadino in proporzione partecipa allo sforzo fiscale complessivo e lo Stato ha il preciso dovere di rendere disponibile a tutti i cittadini l'accesso a *standard* minimi di qualità di servizi. D. FAUSTO – F. PICA, *Introduzione*, in *Teoria e fatti del federalismo fiscale*, Bologna, 2000, pp 43 ss.

16

Con federalismo fiscale si è inteso, dal principio, il diritto delle collettività territoriali a mantenere nel proprio ambito le risorse corrisposte dai cittadini a titolo di imposta per finanziarie i servizi pubblici. Da ciò deriva che le risorse erogate dallo Stato, per finalità perequative, ai territori meno sviluppati economicamente è effettuata grazie alla maggiore ricchezza prodotta dalle collettività maggiormente sviluppate economicamente.

Questa è la teoria della "solidarietà verso i territori meno dotati di risorse" e del "trasferimento implicito."

La solidarietà dei territori più sviluppati verso quelli meno sviluppati è finanziata precipuamente da tutti i cittadini con maggiore disponibilità economica, a prescindere dal loro stabilimento territoriale (redistribuzione personale del reddito); da un più alto prelievo fiscale a carico delle collettività territoriali più sviluppate; trasferimenti per sviluppare una determinata area o per fare fronte a determinati eventi (redistribuzione territoriale del reddito).

Per quanto riguarda la perequazione, invece, il beneficio verso certi territori non è una condizione di favore che viene riconosciuta. In realtà si tratta di garantire, ai territori meno sviluppati, condizioni e servizi pubblici riconducibili a *standard* minimi.[5]

Il federalismo fiscale, in sostanza, studia la dimensione territoriale ottimale della finanza pubblica.[6]

---

[5] F. PICA (a cura di), *Federalismo fiscale*, in *Rivista economica del mezzogiorno*, Bologna 2009, pp 28 ss.

[6] P. GIARDA, *Regioni e federalismo fiscale*, Bologna, 1995. In questo volume l'autore presenta, in forma rielaborata, la

In sostanza i modelli del federalismo fiscale possono essere ricondotti a due grandi filoni: uno cooperativo o solidale e l'altro competitivo.

La caratteristica peculiare del modello cooperativo, o solidale, è quella di non prescindere dalle disposizioni delle leggi dello Stato centrale, che in questa ottica ha un ruolo determinante nel coordinamento delle varie autonomie riconosciute agli enti territoriali e, soprattutto, per quanto riguarda la perequazione delle risorse disponibili per uno sviluppo più omogeneo possibile.

Per affrontare il tema del federalismo fiscale non si può prescindere dal tema relativo al federalismo istituzionale,[7] ciò perché c'è un forte legame fra forma di Stato e le relative forme di finanziamento intergovernativo.[8]

---

relazione che propose alla Commissione per la riforma regionale da egli presieduta.

L'autore fa presente la sua insoddisfazione dell'assetto federale concepito dalla Commissione perché le fonti di entrata autonoma delle Regioni erano modeste e insufficienti a coprire i servizi offerti dagli Enti locali ed i trasferimenti finanziari statali erano caratterizzati dall'incertezza e quindi inidonei per una corretta progettazione da parte degli enti territoriali.

[7] In questo senso si veda M. BERTOLISSI, *Federalismo fiscale: una nozione giuridica*, in *Riv. Federalismo fiscale*, 1/2007, pp 10 ss.

[8] L'espressione è usata da V. ATRIPALDI, *Introduzione a Federalismi fiscali*, in V. ATRIPALDI - R. BIFULCO, (a cura di), *Federalismi fiscali e Costituzioni*, Torino, 2001, pp XIII ss. In questo contributo l'autore adopera tale terminologia neutra perché in linea teorica il federalismo fiscale non riguarda solamente gli ordinamenti ferali, ma interessa qualsiasi Stato articolato territorialmente.

Il termine federalismo fiscale è adoperato sia "a tutela dei localismi e delle differenziazioni economiche esistenti nel territorio" sia "per porre l'accento sull'esigenza di approntare

In dottrina[9] è opinione prevalente che l'autonomia finanziaria, sia di entrata sia di spesa, è il presupposto fondamentale per il riconoscimento istituzionale a vari livelli di governo. Secondo questa parte della dottrina l'autonomia finanziaria degli enti territoriali dei livelli più bassi rappresenta la "pietra angolare"[10] per la reale autonomia delle regioni, in quanto non sarebbe possibile ciò senza le necessarie risorse finanziarie.

Da tutto ciò deriva l'imprescindibile unione fra Costituzione finanziaria e Costituzione dei valori.[11] La potenziale applicazione fra il bilanciamento delle esigenze di eguaglianza sostanziale fra cittadini, in

---

correttivi da parte dei livelli di governo superiori al fine di tutelare le istanze non soddisfatte dall'autogoverno delle periferie."

  [9] Cfr. A. MUSUMECI, *Autonomia finanziaria, livelli di governo e finanziamento delle funzioni*, in E. BETTINELLI – F. RIGANO (a cura di), *La riforma del Titolo V della Costituzione e la giurisprudenza costituzionale. Atti del seminario svoltosi a Pavia il 6 e 7 giugno 2003*, Torino, 2004, p 151; T. MARTINES – A. RUGGERJ – C. SALAZAR, *Lineamenti di diritto regionale*, Milano, 2002, p 266; D. DE PAOLIS, *L'autonomia finanziaria delle regioni nel nuovo sistema delineato dalla riforma del Titolo V della Costituzione*, in G. TARANTINI (a cura di), *Il federalismo a Costituzione variata*, Torino, 2002, p 166; D. DE GRAZIA, *L'autonomia finanziaria degli enti territoriali del nuovo Titolo V della Costituzione*, in *Le istituzioni del federalismo*, Torino, 2002, pp 267 ss; per uno studio comparato con l'ordinamento spagnolo, ma questo si vedrà meglio nel prossimo capitolo, F. PUZZO, *Il federalismo fiscale. L'esperienza italiana e spagnola nella prospettiva comunitaria*, Milano, 2002.

  [10] Così C. MORTATI, *Istituzioni di diritto* pubblico,[10] Padova, 1991, p 906.

  [11] Per una maggiore chiarezza sull'argomento si veda P. GIARDA, *Le regole del federalismo fiscale nell'articolo 119: un economista di fronte alla nuova Costituzione*, in *società italiana di Economia Pubblica Working papers*, n. 115/2001.

relazione alla reale fruibilità dei servizi essenziali, e le effettive risorse disponibili a livello locale, pone un problema di eguaglianza da cui non si può prescindere.[12]

2. Federalismo e regionalismo a confronto

Di particolare importanza è la distinzione teorica fra lo Stato federale e lo Stato regionale.

Si tratta di caratteristiche, singolarmente considerate, che non sempre permettono in maniera univoca di differenziare ed individuare le due forme di Stato.[13]

I principali elementi che si prendono in considerazione per tale distinzione sono: elementi di sovranità dei soggetti territoriali federati; la presenza di una seconda Camera territoriale rappresentativa dei territori; i criteri di riparto delle competenze fra il potere centrale e territoriale; partecipazione dell'ente federato alla revisione della Costituzione;

---

[12] In questo senso si veda, in relazione al dibattito dottrinale italiano dopo la riforma del Titolo V della Costituzione, G. PITRUZZELLA, *Problemi e pericoli del "federalismo fiscale" in Italia*, in *Le Regioni*, n°5/2002, p 980.

[13] Per forma di Stato si intende il complesso di tutti gli elementi che caratterizzano un ordinamento giuridico per quanto riguarda i rapporti e le finalità degli organi costituzionali. Bisogna distinguere dalla forma di Stato la forma di governo, cioè il complesso degli strumenti predisposti per raggiungere finalità statali attraverso l'esercizio delle funzione attribuite dalla Costituzione agli organi di governo. In tal modo possiamo fare rientrare le forme di governo all'interno della categoria più ampia della forma di Stato. In tal senso si veda G. DE VERGOTTINI, *Diritto costituzionale comparato*, Padova, 1999, pp 115 ss.

presenza di un organo costituzionale di giustizia costituzionale diretto a dirimere i contrasti fra federazione ed entità territoriali federate; la struttura del sistema fiscale.

La caratteristica fondamentale che viene presa in considerazione per distinguere i due modelli statali è il possesso da parte dell'ente territoriale federato dell'elemento di sovranità.

L'ente federato avrebbe, nei modelli federali, il potere di stipulare accordi internazionali e poteri di tipo amministrativo, legislativo e, soprattutto, giurisdizionale.

Una seconda caratteristica dello Stato federale è la presenza di una seconda Camera rappresentativa delle autonomie locali. Nello Stato federale, infatti, è presente una Camera che ha la funzione di collante fra gli Stati federati rappresentati in quella sede.

Un ulteriore elemento distintivo fra i due modelli è il riparto di competenze fra lo Stato centrale e le autonomie territoriali. Generalmente negli Stati federali, infatti, lo Stato centrale ha competenze enumerate, mentre gli Stati federati hanno competenza residuale e generale. Nello Stato regionale, invece, il criterio di ripartizione delle competenze è proprio l'esatto contrario: lo Stato centrale ha competenza generale, mentre le Regioni hanno una stretta competenza enumerata.

Un'altra caratteristica che distingue i due modelli è il coinvolgimento degli Stati federati ai procedimenti di revisione costituzionale attraverso suoi rappresentanti.

L'esistenza di un organo *ah hoc* di giustizia costituzionale che abbia la funzione di dirimere le controversie fra lo Stato centrale e gli enti territoriali federati.

L'ultimo elemento distintivo, e che ci riguarda più da vicino visto il tema del presente lavoro, è l'assetto del sistema fiscale.

Generalmente l'aspetto tributario negli Stati federali viene interpretato e presentato come un sistema di raccolta fiscale a compartimenti stagni: lo Stato centrale raccoglie le risorse per i suoi bisogni e gli Stati federati per conto loro gestiscono i propri bisogni attraverso la raccolta di risorse finanziarie direttamente sul territorio. In realtà non è proprio così, in quanto esistono dei meccanismi perequativi e di trasferimenti di risorse fra Stato centrale ed enti territoriali per ripristinare gli squilibri che si possono creare fra i vari territori.[14]

In realtà questi elementi distintivi non sempre dirimono i dubbi relativi alla differenza fra i due modelli.[15] Per tale ragione alcuni autori sostengono

---

[14] In questo senso basti pensare al sistema dei *granting aids* e al *beching aids* degli Stati Uniti, in cui lo Stato federale distribuisce risorse (distribuzione verticale) agli Stati federati economicamente più deboli.

Esistono esempi anche in Europa. In Germania, ad esempio, non solo vi è una redistribuzione verticale (dallo Stato centrale allo Stato federato), ma vi è anche una solidarietà fra i diversi *länder* (distribuzione orizzontale), in cui lo Stato federato più ricco effettua dei trasferimenti perequativi allo Stato federato meno ricco.

[15] Facendo un'analisi degli elementi distintivi, infatti, non appaiono univoci e determinanti.

Per quanto riguarda il primo punto, infatti, non sempre è possibile individuare nel potere giurisdizionale un elemento caratterizzante lo Stato federale. Ci sono Stati federali, come ad esempio la Germania, in cui la funzione giurisdizionale è totalmente di competenza federale e la competenza dei *länder* è

che la vera differenza fra Stato regionale e Stato

limitata. Poi ci sono altri Stati, come ad esempio l'Austria ed il Belgio, in cui il potere giurisdizionale è competenza esclusiva dello Stato federale.

Il secondo elemento preso in considerazione come requisito caratterizzante lo Stato federale è la presenza di una seconda Camera rappresentativa delle autonomie locali. Anche in questo caso non c'è univocità, in quanto ci sono Stati, come ad esempio la Francia, che non sono federali ma c'è la presenza di una seconda Camera che rappresenta i comuni e i dipartimenti.

Anche per quanto riguarda il riparto delle competenze non c'è totale univocità. In alcuni casi, infatti, esistono due elenchi di materie di ripartizione delle competenze fra Stato centrale ed autonomie locali, come ad esempio in Spagna. In altri cosi ancora ci sono Stati federali, come il Belgio, basati sull'autonomia delle diverse etnie presenti sul suo territorio, in cui le competenze enumerate sono per gli enti espressione delle diverse etnie, mentre lo Stato ha competenza generale.

Per quanto riguarda la caratteristica della partecipazione degli Stati federati ai procedimenti di revisione costituzionale è riscontrabile negli Stati Uniti, in cui per modificare la Costituzione occorre il consenso dei 2/3 del Parlamento federale e dei 3/4 delle assemblee elettive dei singoli Stati federati. Anche nello Stato federale austriaco e tedesco la revisione costituzionale avviene con la partecipazione degli Stati federati. In realtà, però, anche questa caratteristica non è peculiare degli Stati federali, infatti ci sono alcuni Stati regionali che vedono la partecipazione delle regioni al procedimento di revisione costituzionale, si pensi ad esempio all'articolo 138 della Costituzione italiana il quale prevede che "Le leggi stesse sono sottoposte a referendum popolare quando entro tre mesi dalla loro pubblicazione, ne facciano domanda un quinto dei membri di una Camera o cinquecentomila elettori o cinque consigli regionali."

Anche la previsione di un organo costituzionale *ad hoc* di giustizia costituzionale diretto a dirimere le controversie fra federazione e Stati federali in realtà non è una peculiarità. Basta fare riferimento al nostro ordinamento e a quello spagnolo, in cui è previsto un organo costituzionale che è diretto a sanare questi contrasti.

L'ultimo elemento che caratterizzerebbe lo Stato federale, e che riguarda più da vicino questo lavoro, è l'assetto del sistema fiscale. In realtà, infatti, non c'è una netta separazione fra

federale risieda sul piano storico e sulla maggiore
intensità di alcuni poteri riconosciuti agli Stati
federati.

3. Teoria generale del federalismo fiscale

Le linee teoriche del federalismo fiscale che
cercano di dare una base di giustificazione di
principio sono diverse e si rifanno a diverse
concezioni.

Sul piano teorico gli argomenti relativi al
decentramento delle funzioni ed istituzionale sono
riconducibili al settore della scienza economica
denominata "economia del benessere."

Secondo il principio della sussidiarietà
risulterebbe maggiormente conveniente se la
produzione di beni e servizi venisse affidata all'ente
più vicino al cittadino destinatario di essi. In questa
prospettiva si realizzerebbe la c.d. "democrazia
diretta", in quanto i cittadini di un determinato
territorio sono in grado di partecipare alla scelta e
alla qualità del servizio da prestare. Soltanto in
seconda istanza sarebbe giustificato l'intervento
dello Stato centrale che, in via sussidiaria,
colmerebbe il *deficit* di entrata dell'ente territoriale.

Secondo il principio del beneficio, invece, il
legame fra imposte e servizi pubblici è dato dalla
partecipazione dei cittadini alla vita democratica, ciò

---

le risorse dello Stato federale e degli Stati federati. Basta pensare
che negli Stati federali esistono sistemi di trasferimenti di risorse,
sia verticali sia orizzontali, per fare fronte alle eventuali difficoltà
degli altri Stati federati.

li porterebbe a scegliere i rappresentanti che rispecchiano le loro aspettative, in quanto beneficiano dei servizi pubblici offerti con il sacrificio dell'imposizione fiscale.

Le diverse posizioni dottrinali sul federalismo fiscale non sono soltanto teoriche, perché influenzano le attività e le scelte degli enti territoriali.

Appare opportuno osservare come il modello di finanziamento scelto può incidere non soltanto sull'autonomia degli ente territoriali, così come è stato osservato, ma può incidere anche sull'uguaglianza dei cittadini. Sotto questo ultimo aspetto riveste un'importanza notevole il problema relativo ai rapporti fra le relazioni intergovernative finanziarie e la forma di Stato, alla luce del *welfare state*.[16] Naturalmente maggiore è il riconoscimento di un'autonomia di entrata e di spesa ai livelli di governo inferiore, maggiori potrebbero essere le differenze relative alla qualità dei servizi offerti ai cittadini. A questa problematica sono state date diverse risposte, diversi approcci che sono diametralmente distanti fra loro e che sono riproposti, in forma sintetizzata, di seguito.

3.1   Teoria di Tiebout

---

[16] In tal senso si veda G. MOR, *Il riordino della sanità nella crisi dello Stato sociale e della Costituzione materiale*, in *Le Regioni*, 1994, pp 957 ss.

La teoria di Tiebout parte dall'assunto che le collettività sono omogenee e che gli individui scelgono di andare in un posto piuttosto che in un altro sulla scorta delle proprie possibilità e preferenze di servizi offerti.[17]

La mobilità dei consumatori-votanti è l'indice per le autorità pubbliche del grado di soddisfazione, i tipi e le quantità di beni pubblici offerti e dà modo di potere fissare la tassazione in relazione alla domanda.[18]

In questo senso nell'equilibrio di Tiebout i soggetti si dividono in relazione alla domanda dei beni e servizi pubblici.[19]

Il limite dell'equilibrio di Tiebout è il fatto che i soggetti, in realtà, non sono propensi agli spostamenti continui e non esiste un numero tale di enti pubblici che possano racchiudere in se un paniere completo di servizi da offrire ad un soggetto. Ma il limite maggiore che si riscontra in tale modello teorico è quello per cui all'interno di una società determinata c'è la presenza di soggetti con diverso reddito, quindi ciò dimostrerebbe come in

---

[17] In questo senso Tiebout definisce i soggetti che cambiano ambiti territoriali sulla base di parametri ricollegati alla qualità dei servizi, come cittadini che "votano con i piedi", andando via dai posti in cui vi siano inefficienze o comunque dove ci sia un rapporto alto fra le imposte e i servizi pubblici offerti. In questo senso si veda C. M. TIEBOUT, *A pure theory of local expenditures*, in *Journal of political economy*, LXIV, 1956, pp 416 ss.

[18] In tal senso vedi S. LOMBARDO, *La concorrenza tra ordinamenti nella prospettiva dell'analisi economica del diritto*, in *La concorrenza tre ordinamenti giuridici*, A. ZOPPINIA (a cura di), Bari, 2004, pp 199 ss.

[19] H. S. ROSEN, *Scienza delle finanze*, Milano, 2003, p 293.

realtà l'uniformità della collettività sarebbe soltanto teorica.[20]

In sostanza il modello Tiebout è individuato come una teoria della competizione negativa. Questo modello teorico è ancorato all'ipotesi di offerta competitiva di "pacchetti" di beni e servizi pubblici offerti ai cittadini. Partendo dal presupposto che i beni pubblici sono offerti dal settore pubblico, non è necessariamente vero che questo debba avvenire in regime di monopolio federale.

Tiebout, in sostanza, cerca di ricondurre la domanda di beni e servizi pubblici ai criteri applicati nel mercato privato.

I presupposti su cui si basa tale modello sono sette: a) tendenza degli enti territoriali minori di raggiungere e mantenere la loro dimensione ottimale, in modo tale da attirare il maggior numero di cittadini-votanti; b) mobilità dei consumatori votanti in relazione al rapporto ottimale fra tassazione e erogazione di beni e servizi pubblici; c) conoscenza completa da parte dei consumatori votanti dei beni e servizi offerti dagli altri enti territoriali; d) assenza della disoccupazione; e) assenza di esternalità fra le diverse giurisdizioni nell'offerta di beni e servizi pubblici; f) dimensione ottimale delle giurisdizioni fra numero di consumatori-votanti e pacchetti di beni e servizi

---

[20] Ma il modello Tiebout anche se trova grosse difficoltà nell'applicazione pratica, riesce a dare comunque un suo contributo relativamente all'organizzazione decentrata.

Proprio in queste grandi aree esiste un'ampia possibilità di scelta della tipologia di servizi a cui si vuole, o si può, accedere anche in relazione al reddito o alle preferenze specifiche del soggetto. In tal senso si veda H. S. ROSEN, *Scienza*, cit., p 294.

pubblici offerti; g) diversificazione ed alto numero di giurisdizione in modo che il consumatore-votante possa scegliere.

3.2 Teoria di Oates

Oates elabora la teoria del decentramento delle funzioni.[21] Secondo tale concezione bisogna individuare l'ambito territoriale ottimale per la produzione dei servizi pubblici da offrire ai cittadini.

Oates parte dall'assunto che i servizi pubblici offerti indiscriminatamente in maniera uniforme ed omogenea in tutto il territorio, sono economicamente svantaggiose e potrebbero anche non rispecchiare le esigenze di determinate realtà locali che, invece, necessiterebbero di altre tipologie di servizi.

Secondo questa teoria sarebbe più opportuno la divisione del territorio in relazione ad un livello differenziato di servizi che vengono richieste dai cittadini residenti in una determinata area.

La teoria elaborata da Oates assume per certo che ci sia un soggetto "onnipotente" che usa il suo potere per accrescere il benessere della propria collettività. Tale soggetto non ha la possibilità di sapere quali sono le preferenze di tutti gli individui, perché c'è una distribuzione asimmetrica delle informazioni. Per tale ragione l'ente centrale si

---

[21] Per una visione completa si veda W.E. OATES, (2005), *Toward a Second-Generation Theory of Fiscal Federalism*, in *International Tax and Public Finance*, XII/2005, pp. 349-373.

ritrova a non potere utilizzare tributi e trasferimenti in somma fissa.

Per fare fronte a questa situazione di incertezza sarà necessario ricorrere a soggetti politici che hanno una maggiore informazione sulle preferenze dei cittadini. In tal modo vengono impiegati gli enti territoriali minori per erogare i servizi idonei ad una determinata collettività.

Oates ha voluto dimostrare come la presenza di diversi livelli di governo sia preferibile, rispetto al governo centrale uniforme, quando ci siano determinate condizioni, in quanto dà la possibilità di massimizzare la rendita dei consumatori e realizzare un'ottimale allocazione delle risorse.

Il modello Oates fa leva su alcuni presupposti restrittivi i quali, se dovessero venire meno, porterebbero a risultati poco chiari.

A) Oates fa riferimento ad un'entità statale quasi mitica, la quale si preoccupa sempre di perseguire il bene collettivo. Lo Stato centrale, in sostanza, non avrebbe altri interessi se non quello della comunità che amministra. Naturalmente questa visione contrasta con il perseguimento di interessi individuali che possono anche prevalere sui collettivi. Un altro limite è il punto in cui potrebbe esserci uno scollamento fra gli obiettivi perseguiti dai governanti e quelli dei cittadini.[22]

---

[22] Per potere valutare pienamente questo punto, e i suoi limiti di validità, bisogna fare riferimento anche allo studio sull'elettore mediano. Secondo questo teorema devono essere prodotti una serie di modelli econometrici per rendere le preferenze dei cittadini per un certo programma di spesa pubblica rappresentativi e riconducibili alle differenti aree territoriali.

B) All'interno dell'ente territoriale si assume che i bisogni e le preferenze siano omogenei ed identici.

C) Nella soluzione centralizzata viene presupposto che venga fornito un bene omogeneo per gli enti territoriali minori.

D) Viene assunta, seppur implicitamente, l'applicazione del "principio di corrispondenza fiscale", che ha come presupposto una perfetta coincidenza fra ambito territoriale politico e l'ambito economico, cioè l'area entro la quale viene fornito il bene o servizio. Naturalmente non c'è sempre coincidenza in questo senso.

E) Il modello di Oates, infine, presuppone che il costo marginale per la produzione di un certo bene o servizio pubblico sia costante. Questo assunto però non tiene conto delle economie di scala[23] nella produzione di beni e servizi. Ciò porterebbe a preferire che la produzione di tali beni avvenga su una scala maggiore, e non in ambito territoriale più ristretto. Quindi, in questo caso, si potrebbe affidare tale compito allo Stato centrale o

---

Dopo di ciò si procederà con una simulazione di funzionamento in cui verrà preso in considerazione la decisione dei cittadini sia a livello centrale sia a livello decentrato. In questo modo si avranno le due soluzioni ottimali di allocazione delle risorse: una a livello centrale ed unitaria ed un'altra, invece, decentrata. In questo senso si veda S. VILLANI, *Il teorema dell'elettore mediano*, in F. PICA, *Teoria dell'intervento pubblico*,[2] Torino, 2011.

[23] Per potere comprendere il significato di economie di scala bisogna fare riferimento a quelle situazioni "in cui il costo medio di produzione decresce al crescere delle dimensioni degli impianti e della produzione." P. A. SAMUELSON – W. D. NORDHAUS, *Economics*, Bologna, 1992, p 866.

cercare nuove forme cooperative e associative fra i vari enti territoriali minori per potere crescere di scala.

3.3   Teoria di Buchanan

Buchanan elabora la sua teoria federalista che può essere definita solidaristica[24] partendo dal presupposto che i servizi locali sono caratterizzati dall'indivisibilità e che il loro finanziamento avviene attraverso l'imposizione fiscale locale, applicate in proporzione al reddito dei contribuenti.

Buchanan rileva, giustamente, come a parità di pressione tributaria, il gettito fiscale sarà maggiore nelle aree più ricche, in quanto avranno una base imponibile maggiore ed in tal modo potranno erogare servizi superiori.

In questi casi si verificherà un residuo fiscale per i soggetti che sono stanziati in aree dove il reddito medio è diverso dal proprio.[25] In questo

---

[24] La teoria solidaristica ha in Italia il suo massimo rappresentante nell'economista De Viti De Marco. Per ulteriori approfondimenti si veda A. DE VITI DE MARCO, *Mezzogiorno e democrazia liberale. Antologia degli scritti*, A.L. DENITTO (a cura di), Bari, 2008; A. DE VITI DE MARCO, *Un trentennio di lotte politiche: 1894-1922*, A. M. Fusco (a cura di), Napoli, 1994; per quanto riguarda, invece, una più ampia e completa visione sulla teoria sostenuta da Buchanan si veda J. M. BUCHANAN, *Federalism and fiscal equity*, in *The American economic review*, XL, 1950, pp 583-599.

[25] Il residuo fiscale è il rapporto tra la somma delle imposte pagate ed il valore economico dei servizi pubblici usufruiti dal contribuente utente.

Il maggiore squilibrio si ha, soprattutto, con i tributi

modo l'equità può essere raggiunta soltanto in senso orizzontale all'interno della comunità, ma non fra le diverse aree assoggettate a diversa amministrazione.

Per fronteggiare questa problematica che si rileva fra aree ricche ed aree povere, potrebbero essere predisposti dei trasferimenti finanziari dallo Stato centrale alle aree disagiate, al fine di equilibrare la differenza fra residui fiscali.[26]

---

progressivi, in quanto distribuiscono sul territorio le risorse in modo disomogeneo. Un esempio è dato dall'Imu, l'imposta municipale unica. In questi casi, infatti, i contribuenti si vedono applicata un'imposta sulla propria ricchezza in relazione ad essa, ma usufruiranno di servizi distribuiti dall'ente locale proporzionati al reddito medio della comunità di appartenenza, che potrebbe essere inferiore. Per maggiori chiarimenti sul concetto si veda: F. FIORILLO, *Perequazione e incentivi all'accertamento regionale della base imponibile delle imposte proprie*, in *Riv. Diritto Finanziario* III/2002, 424; B. MORO, *Incentivi fiscali e politiche di sviluppo economico regionale in Europa*, in *Moneta e Credito*, 2001, pp 343–388.

[26] I sistemi di perequazione fiscale possono essere di diverso tipo, secondo gli obiettivi che vengono prefissati. Il problema che si potrebbe presentare nei casi di trasferimenti perequativi è la deresponsabilizzazione delle amministrazioni locali nell'uso delle risorse ottenute.

I trasferimenti finanziari possono essere: verticali, orizzontali e *ad hoc*.

Si ha perequazione verticale quando il trasferimento finanziario ha come obiettivo il riequilibrio fra le entrate dell'ente locale e la spesa da questo sostenuta per erogare i servizi.

La perequazione orizzontale, invece, cerca di ristabilire un equilibrio fra entrate tributarie e spese per l'erogazione dei servizi tra enti locali della stessa categoria, con densità di popolazione ed estensione territoriale uniforme.

I trasferimenti di risorse *ad hoc*, infine, riguardano le competenze delegate dallo Stato centrale alle autonomie locali.

CAPITOLO II

LA RIFORMA COSTITUZIONALE IN
SENSO FEDERALE

SOMMARIO: 1. Riforma del Titolo V della Costituzione – 2. Il federalismo fiscale nella Costituzione – 2.1 L'autonomia finanziaria delle Regioni e degli Enti locali (art. 119 secondo comma Cost.) – 2.2 Il fondo perequativo (art. 119 terzo comma Cost.) – 2.3 Le risorse aggiuntive e gli interventi speciali (art. 119 quinto comma Cost.) – 2.4 Il limite all'indebitamento (art. 119 sesto comma Cost.) – 3. La legge delega sul federalismo fiscale (legge n. 42/2009) – 3.1 Il principio di sussidiarietà fiscale – 3.2 L'assegnazione dei tributi – 3.3 I costi *standard* – 3.4 La perequazione — 3.5 La previsione di un unico sistema di contabilità e di controllo pubblico – 4. I decreti attuativi della legge delega – 5. Il federalismo negli altri ordinamenti: Spagna e Germania.

1.   Riforma del Titolo V della Costituzione

Con la legge Costituzionale n. 3 del 18 ottobre 2001[27] è stato riformato il Titolo V della Costituzione riguardante il sistema delle Autonomie Locali e dei rapporti con lo Stato. L'intervento

---

[27] In G.U.R.I. del 24 ottobre 2001, n. 248.

legislativo ha interessato la revisione degli articoli 114-133 della Carta Costituzionale.

Di importanza notevole appaiono alcune modifiche all'assetto dell'organizzazione dell'ordinamento riguardante la nuova struttura istituzionale, la ripartizione della potestà legislativa e amministrativa, lo schema di finanziamento e i rapporti finanziari tra enti, la possibilità di forme di autonomia differenziata per le Regioni a Statuto ordinario, l'abrogazione dei controlli preventivi sugli atti delle Regioni.

Per quanto riguarda, invece, l'organizzazione istituzionale, il testo riformato dell'articolo 114 indica che la Repubblica, intesa come Stato ordinamento, è costituita da strutture paritetiche, secondo uno schema di equiordinazione fra enti,[28] senza distinzione tra i livelli gerarchici. I Comuni, le Province, le Città metropolitane, le Regioni e lo Stato, inteso questa volta come Stato-persona, sono posti sullo stesso piano, senza vincoli di subordinazione e di gerarchia.[29]

Sostanziale è la modifica sostanziale dell'articolo 117, nel quale vengono enumerate delle competenze esclusive spettanti allo Stato, ponendo, implicitamente, le competenze più

---

[28] Il concetto di equiordinazione fra enti è anche contenuto nell'articolo 127 della Costituzione, in cui è disposto che anche le Regioni, oltre al Governo naturalmente, possono promuovere questioni di legittimità costituzionale di fronte alla Corte costituzionale. Nel testo precedente, invece, questa era una competenza esclusiva del Governo, attraverso la figura del Commissario governativo.

[29] Sui tali rapporti si veda S. MUSSOLINO, *I rapporti Stato – Regioni nel nuovo titolo V alla luce dell'interpretazione della Corte Costituzionale*, Milano, 2007.

rilevanti implicitamente in via residuale alle Regioni. Nel vecchio articolo 117 era l'esatto contrario, erano le Regioni ad avere una competenza esclusiva su determinate materie, mentre lo Stato aveva una competenza diffusa e residuale.

Nel terzo comma è indicato un ambito di competenza concorrente fra Stato e Regioni, fatte salve le competenze relative alla determinazione dei principi fondamentali, che in questo caso è di competenza esclusiva dello Stato.

Ad attribuire la competenza residuale alle Regioni è il quarto comma, relativamente alle materie non espressamente riservate allo Stato.[30]

---

[30] In questo senso l'art. 23 Cost. sancisce la riserva di legge in merito alle prestazioni patrimoniali o personali. Tale articolo stabilisce che "Nessuna prestazione personale o patrimoniale può essere imposta se non in base alla legge."

Il tema della riserva di legge è uno degli argomenti più dibattuti in dottrina nell'ambito tributario. Le impostazioni che storicamente si sono scontrate sono fondamentalmente due: la prima ha assegnato alla riserva di legge una funzione tipicamente garantista; dall'altra parte, invece, la dottrina ha riconosciuto a tale principio un certo grado di autonomia per la tutela dell'interesse pubblico e generale.

Sotto l'aspetto della seconda impostazione, la dottrina più recente ha iniziato a intendere la riserva di legge nell'ambito tributario come rafforzamento del principio di legalità, non come diritto all'autonoma, prerogativa di imposizione tributaria, da ciò deriva che la legge non è semplicemente la fonte del potere dell'organo esecutivo, ma deve essere la cornice entro la quale porre in essere la disciplina di dettaglio.

Per una visione complessiva sul tema relativo all'art. 23 Cost. si veda A. FEDELE, *Commento all'art. 23 Cost.*, in A. SCIALOJA e G. BRANCA (a cura di), *Commentario alla Costituzione*, Bologna – Roma, 1978. Per quanto riguarda, invece, la prima posizione dottrinale si veda G. A. MICHELI, *Lezioni di diritto tributario*, Roma, 1968. Mentre per la seconda posizione si veda, per tutti, P. RUSSO, *Manuale di diritto tributario – parte*

In linea teorica, secondo il principio di sussidiarietà che attribuisce funzioni ai livelli più bassi, le competenze regionali sarebbero più rilevanti rispetto a ciò che era previsto prima della riforma del Titolo V della Costituzione. Naturalmente ciò non esclude una competenza sostanziale dello Stato centrale, che ha il c.d. potere sostitutivo, nel caso in cui non vengano rispettate le disposizioni dei trattati internazionali, le norme prodotte nell'ambito dell'Unione europea o sia messa in pericolo l'unità giuridica ed economica dell'ordinamento.

Anche agli enti locali minori, comuni, province e città metropolitane, viene riconosciuta un'autonomia finanziaria, sia per le entrate sia per le spese, anche se non è del tutto chiaro in che modo in che modo si estenda tale potestà. (art. 119, primo comma Cost.).[31]

Al secondo comma dell'articolo 119, testo riformato, viene messo in evidenza il possesso, da parte degli enti locali, di risorse autonome, le quali non vengono attribuite dal livello superiore, così come invece il testo prima della riforma sanciva. Viene posto il principio per cui gli enti locali possono stabilire ed applicare tributi ed entrate proprie, ma in armonia con la Costituzione.

Gli enti locali, quindi, hanno superato quelle ristrettezze di autonomia tributaria e possono stabilire tributi, attraverso la fissazione delle

---

generale, Milano, 2007.
   [31] N. KHELENA, *L'autonomia tributaria delle Regioni e degli enti locali: lo stato di attuazione dell'art. 119 Cost. alla luce della giurisprudenza della Corte Costituzionale*, in *Le istituzioni del federalismo*, n. 6/2004.

aliquote e l'individuazione della base imponibile, senza dovere attendere la legge statale istitutiva.

Naturalmente tale potere va esercitato "secondo i principi di coordinamento della finanza pubblica e del sistema tributario", in base alle materie, quindi, che l'articolo 117, terzo comma, inserisce tra quelle a legislazione concorrente.

Lo Stato centrale fissa i principi fondamentali e di indirizzo, attraverso la legge quadro, le Regioni, invece, hanno l'iniziativa legislativa in materia di coordinamento.

Le "compartecipazioni al gettito di tributi erariali riferibili al loro territorio" sono un'ulteriore fonte di finanziamento per le Regioni e gli enti locali. Il gettito compartecipato sembrerebbe essere destinato direttamente alle Regioni, senza che ci sia un preventivo accantonamento in un fondo del bilancio statale. Questo è utile per porre una netta distinzione con l'altra fonte di finanziamento che è il fondo perequativo, sia per la sua caratteristica principale, che lo rende implicitamente diverso, sia per la sua funzione di equilibrio in tutto il territorio nazionale.

Al terzo comma l'articolo 119 viene istituito il fondo perequativo, con legge dello Stato "senza vincoli di destinazione, per i territori con minore capacità fiscale per abitante."

La previsione perequativa prevista dalla Costituzione è in una prospettiva verticale. Bisogna tenere conto anche che il fondo, come accennato, è senza vincoli di destinazione, ciò per raggiungere un livello di autonomia regionale il più ampio possibile, in cui lo Stato, però, interviene fissando i principi generali con la c.d. legge cornice. In tal modo si cerca di ottenere una certa uniformità nella erogazione dei servizi ai cittadini.

Le risorse finanziarie del fondo perequativo sono destinati ai "territori con minore capacità fiscale per abitante" e non più, come invece era previsto nel testo dell'articolo 119 prima della riforma, "attribuiti [...] in relazione ai bisogni delle Regioni." Il fondo, in altre parole, mira a compensare le disuguaglianze che sono provocate dal minore gettito fiscale in una certa Regione rispetto alle altre, e non alla soddisfazione di bisogni generali.

Al quinto comma è previsto anche un fondo aggiuntivo, che va ad integrare il fondo perequativo, per gli interventi speciali di tipo sociale, economico e riguardanti l'esercizio dei diritti civili e sociali. Così come già previsto dall'articolo 117 secondo comma lettera *m)*, relativi ai livelli essenziali di prestazione che riguardino il diritto di cittadinanza di competenza esclusiva dello Stato.[32]

2.   Il federalismo fiscale nella Costituzione

Prima della riforma del Titolo V della Costituzione, il precedente articolo 119 prevedeva[33]

---

[32] G. FRANSONI – G. DELLA CANANEA, *Commento all'articolo 119*, in *Commentario della Costituzione*, a cura di R. BIFULCO, A. CELOTTO, M. OLIVETTI, Milano, 2006, III, pp 2358 ss.

[33] Articolo 119 Cost. prima della riforma stabiliva che "Le regioni hanno autonomia finanziaria nelle forme e nei limiti

un certo grado di autonomia di tributi propri a condizione, però, che tali prelievi fiscali fossero subordinati all'approvazione di una legge ordinaria statale che ne prevedesse l'istituzione e l'individuazione.[34]

Le entrate e le risorse destinate alle Regioni e agli altri Enti locali erano costituiti da trasferimenti finanziari statali individuati e da introiti propri, ma insufficienti per il buon funzionamento delle funzioni attribuite e la continuità delle prestazioni e servizi offerti.[35] Con questo sistema l'erogazione delle risorse era frutto di una "transazione" di carattere politico fra lo Stato e le singole Regioni. Non era un'erogazione di risorse obiettivo e frutto di un procedimento privo di ogni accordo fra Stato e Regioni, ma aveva una natura "politica".

Con l'approvazione della legge costituzionale n. 3/2001 è stato introdotto nel nostro ordinamento costituzionale il c.d. federalismo

---

stabiliti dalle leggi della Repubblica, che la coordinano con la finanza dello Stato, delle province e dei comuni. Alle regioni sono attribuiti tributi propri e quote di tributi erariali, in relazione ai bisogni delle regioni per le spese necessarie ad adempiere le loro funzioni normali. Per provvedere a scopi determinati, e particolarmente per valorizzare il Mezzogiorno e le isole, lo Stato assegna per legge a singole regioni contributi speciali. La regione ha un proprio demanio e patrimonio, secondo le modalità stabilite con legge della Repubblica."

[34] Per maggiori dettagli si veda M. C. FREGNI, *Riforma del Titolo V della Costituzione e federalismo fiscale*, in *Rass. Trib.*, 2005, pp 710 ss.

[35] V. CERIANI, *Federalismo, perequazione e tributi: dalle riforme degli anni novanta al nuovo titolo V*, in F. BASSANINI – G. MACCIOTTA (a cura di), *L'attuazione del federalismo fiscale. Una proposta*, Bologna, 2003.

fiscale,[36] modificando l'assetto del finanziamento pubblico e del sistema tributario.

L'art. 117, secondo comma, Cost. attribuisce la competenza esclusiva su determinate materie allo Stato e riconosce al terzo comma la potestà legislativa concorrente fra Stato e Regioni per quanto riguarda, fra le altre materie, il coordinamento della finanza pubblica e del sistema tributario. In sostanza attraverso questa disposizione costituzionale viene data l'opportunità alle Regioni e agli Enti locali di individuare e istituire tributi propri e realizzare proprie politiche fiscali, naturalmente non contrastando la Costituzione.[37]

---

[36] T. GROPPI, Il federalismo fiscale nel quadro costituzionale, in Rivista di diritto pubblico italiano, comunitario e comparato, 14 novembre 2008.

[37] Qualche dubbio di contrasto con l'art. 23 Cost. è stato palesato, in quanto "nessuna prestazione personale o patrimoniale può essere imposta se non in base alla legge". In realtà, secondo una dottrina influente, non c'è nessun contrasto con l'art. 23 Cost. e con la riserva di legge in essa contenuta, in quanto per legge non bisogna intendere soltanto la produzione normativa statale, ma anche quella regionale. Ciò vuol dire che anche se la "Regione non può istituire dazi di importazione o esportazione o transito tra le Regioni, né adottare provvedimenti che ostacolino in qualsiasi modo la libera circolazione delle persone e delle cose tra le Regioni, né limitare l'esercizio del diritto al lavoro in qualunque parte del territorio nazionale" (art. 120 Cost. primo comma), può, però, esercitare la propria capacità impositiva autonoma nelle altre materie previste dalla Costituzione. In questo senso vedi A. CARUSO, Il federalismo fiscale e l'unità economica della Repubblica: il ruolo della Corte dei Conti, in www.unimi.it.

Qualche problema, in realtà, potrebbe nascere dai poteri limitati degli Enti locali, i quali non hanno potestà impositiva, anche se sono assimilati allo Stato e alle Regioni. L'art. 119, primo comma, infatti, stabilisce che "I Comuni, le Province, le Città metropolitane e le Regioni hanno autonomia finanziaria di entrata e di spesa." Gli Enti locali non possono istituire nuovi

Il quadro normativo dopo la riforma del 2001 è strutturato in più fasi interistituzionali, nella quale la fase precedente è il presupposto della fase successiva. Le Regioni potranno applicare la propria competenza di imposizione fiscale solo nel momento in cui viene approvata la legge di coordinamento della finanza pubblica e le disposizioni di dettaglio sulle caratteristiche dei singoli tributi regionali.

Per quanto riguarda gli Enti locali, invece, il procedimento è più articolato rispetto a quello delle Regioni. Il meccanismo, infatti, è arricchito dai regolamenti degli Enti locali che hanno come scopo quello di individuare le proprie competenze in materia.[38]

---

tributi se non c'è una legge che faccia da cornice e stabilisca i principi applicabili. Per maggiori approfondimenti S. BARTOLES – R. BIN – G. FALCON – R. TOSI, *Diritto regionale. Dopo le riforme*, Bologna, 2003.

[38] Sulla questione è intervenuta anche la Corte Costituzionale con la Sentenza n. 37/2004 con la quale ha cercato di colmare il vuoto legislativo in merito al c.d. federalismo fiscale. Con tale *dictum* la Corte ha frenato l'autonoma possibilità di imporre tributi da parte degli Enti locali ed ha cercato di chiarire con quali modalità lo Stato deve disciplinare l'ambito della finanza locale con propria legge ed ha precisato che "per quanto riguarda i tributi locali, si deve aggiungere che, stante la riserva di legge che copre tutto l'ambito delle prestazioni patrimoniali imposte (articolo 23 della Costituzione), e che comporta la necessità di disciplinare a livello legislativo quanto meno gli aspetti fondamentali dell'imposizione, e data l'assenza di poteri legislativi in capo agli enti sub-regionali, dovrà altresì essere definito, da un lato, l'ambito (sempre necessariamente delimitato in forza appunto della riserva di legge) in cui potrà esplicarsi la potestà regolamentare degli enti medesimi; dall'altro lato, il rapporto fra legislazione statale e legislazione regionale per quanto attiene alla disciplina di grado primario dei tributi locali: potendosi in astratto concepire situazioni di disciplina normativa sia a tre livelli (legislativo statale, legislativo regionale

I principi costituzionali introdotti con l'art. 119 Cost. novellato, in merito al finanziamento pubblico e alla individuazione e reperimento delle risorse, possono essere ricondotti a tre strumenti indispensabili: A) risorse ordinarie; B) fondo perequativo; C) risorse aggiuntive e speciali.[39]

L'art. 119, primo e secondo comma, Cost. stabilisce che Comuni, Province, Città metropolitane e Regioni: hanno autonomia di entrata e di spesa; hanno risorse proprie e fissano tributi propri in armonia con la Costituzione, con il sistema tributario e in coordinamento con la finanza pubblica. Le Regioni e gli Enti locali hanno anche le "compartecipazioni al gettito di tributi erariali riferibili al loro territorio." Ciò dimostrerebbe che il legislatore costituzionale della riforma abbia voluto introdurre un sistema attraverso il quale "si prevede

---

e regolamentare locale), sia a due soli livelli (statale e locale, ovvero regionale e locale)." Sempre nella Sentenza n. 37/2004 la Corte ha anche ribadito l'inesistenza dei tributi locali come propri "nel senso che essi siano frutto di una loro autonoma potestà impositiva, e quindi possano essere disciplinati dalle leggi regionali o dai regolamenti locali, nel rispetto solo di principi di coordinamento, oggi assenti perché incorporati, per così dire, in un sistema di tributi sostanzialmente governati dallo Stato."

[39] Parte della dottrina ha sostenuto che questa scelta di una divisione per "percorsi" del prelievo fiscale e distribuzione delle risorse, sarebbe risolutiva soltanto teoricamente ai fini del buon funzionamento della macchina amministrativa. Tale soluzione, secondo questa dottrina, non è accettabile sotto il profilo metodologico e applicativo, se non per grandi linee. Con tale sistema sarebbero stati incentivati dubbi e diverse interpretazioni, soprattutto per quanto riguarda il funzionamento a regime del meccanismo di finanziamento e la non autonomia reciproca fra i vari enti. R. PEREZ, *La finanza pubblica,* in S. CASSESE (a cura di), *Trattato di diritto amministrativo, Diritto amministrativo generale,* I, Milano, 2003.

che il gettito tributario complessivo deve prima essere ripartito su base regionale e poi assegnato alle singole Regioni ed Enti locali."[40]

L'altro strumento previsto dall'art. 119 terzo comma Cost. è l'istituzione del fondo perequativo destinato a quei territori con minore capacità fiscale. Tale fondo, che è senza vincoli di destinazione, si ispira al principio di solidarietà e di equa distribuzione della ricchezza.

Le risorse di cui ai commi secondo e terzo sono destinati per consentire ai "Comuni, alle Province, alle Città metropolitane e alle Regioni di finanziarie integralmente le funzioni pubbliche loro attribuite" (art. 119 quarto comma).

Al quinto comma l'art. 119 Cost. prevede le risorse aggiuntive e gli interventi speciali. Queste risorse servono per la crescita sociale ed economica, per colmare le diseconomie e per fare fronte ad eventuali situazioni di emergenza che si dovessero presentare.

L'ultimo strumento, infine, messo a disposizione di Regioni ed Enti locali è l'indebitamento (art. 119 quinto comma Cost.). Questo strumento è possibile adoperarlo solo per finanziare spese di investimento, non spese correnti o di funzionamento dell'attività amministrativa. In ogni caso l'eventuale indebitamento non è coperto da garanzia statale.[41]

---

[40] Così S. GAMBINO, *La riforma regionale e locale fra sussidiarietà, autonomia e federalismo*, in AA.VV., *Guida normativa per gli enti locali*, I, 2007.
[41] Per una rassegna generale si veda F. SORRENTINO, *Coordinamento e principi costituzionali*, in *L'attuazione del federalismo fiscale, Atti del Convegno svoltosi venerdì 11 giugno*

2.1   L'autonomia finanziaria delle Regioni e degli Enti locali (art. 119 primo comma Cost.)

L'autosufficienza finanziaria, prevista dal primo e secondo comma dell'art. 119 Cost., delle Regioni e degli Enti locali è lo strumento principale del c.d. federalismo fiscale previsto dalla Carta costituzionale.

Le Regioni e gli Enti locali dispongono di tributi ed entrate proprie, solo in via eventuale attingono al fondo perequativo (vedi *infra* § 2.2) per fare fronte ad asimmetrie economiche fra i diversi territori.[42]

2010, presso l'Università La Sapienza di Roma, in *Rassegna Tributaria*, n. 6/2010.

[42] In realtà in questa fase c'è una perdurante mancanza di strumenti attuativi concreti, in questo senso è intervenuta la Corte costituzionale, la quale sostiene che "Il sistema finanziario e tributario degli enti locali è oggetto delle disposizioni dell'art. 119 della Costituzione […].

Esso considera, in linea di principio, sullo stesso piano Comuni, Province, Città metropolitane e Regioni, stabilendo che tutti tali enti hanno autonomia finanziaria di entrata e di spesa (primo comma); hanno risorse autonome e stabiliscono e applicano tributi ed entrate proprie, sia pure in armonia con la Costituzione e secondo i principi di coordinamento della finanza pubblica e del sistema tributario, ed inoltre dispongono di compartecipazioni al gettito di tributi erariali riferibile al loro territorio (secondo comma). Le risorse derivanti da tali fonti, e dal fondo perequativo istituito dalla legge dello Stato, consentono – vale a dire devono consentire – agli enti di finanziare integralmente le funzioni pubbliche loro attribuite (quarto comma), salva la possibilità per lo Stato di destinare risorse

Parte della dottrina si è interrogata sulla portata di questa previsione. L'interrogativo è se l'art. 119 secondo comma indichi il "disimpegno dello Stato, oppure se si tratta realmente di una garanzia di autonomia finanziaria decentrata."[43]

Se si aderisce alla prima alternativa, cioè che si tratti di un "disimpegno" dello Stato, una volta individuato il limite entro il quale Regioni ed Enti locali possono imporre il proprio potere impositivo, non è più competenza dello Stato trovare le risorse necessarie per il funzionamento degli Enti locali.

La clausola dell'autosufficienza finanziaria consisterebbe, invece, principalmente nel riconoscimento di aliquote *standard*[44] di tributi propri.

---

aggiuntive ed effettuare interventi speciali in favore di determinati Comuni, Province, Città metropolitane e Regioni per gli scopi di sviluppo e di garanzia enunciati dalla stessa norma o per provvedere a scopi diversi del normale esercizio delle funzioni degli enti autonomi (quinto comma).

L'attuazione di questo disegno costituzionale richiede però come necessaria premessa l'intervento del legislatore statale, il quale, al fine di coordinare l'insieme della finanza pubblica, dovrà non solo fissare i principi cui i legislatori regionali dovranno attenersi, ma anche determinare le grandi linee dell'intero sistema tributario, e definire gli spazi e i limiti entro i quali potrà esplicarsi la potestà impositiva, rispettivamente, di Stato, Regioni ed enti locali." Corte Cost. sentenza n° 37/2004

[43] Così A. BRANCASI, *L'attuazione del federalismo fiscale attraverso i principi contenuti nell'art. 119 Cost.*, in *I principi costituzionali e comunitari del federalismo fiscale*, Torino, 2007, pp 9 ss.

[44] L'aliquota è definita "*standard*" perché l'Ente titolare può modificarla, così come può essere modificata anche la base imponibile di calcolo del tributo. Naturalmente le quote di compartecipazione e le aliquote *standard* devono essere tali da

Tutto ciò vuol dire che la potestà attribuita alle Regioni di individuare e fissare i tributi, è direttamente garantita e conferita dalla Costituzione.[45] La legge ordinaria di dettaglio, quindi, è solo secondaria, in rispetto della gerarchia delle fonti.

Un'interpretazione restrittiva del nuovo assetto costituzionale del Titolo V, lascerebbe totalmente invariato l'assetto fiscale precedente alla riforma, anche a causa dei problemi interpretativi ed applicativi che sono sorti. Ciò potrebbe portare ad una maggiore ingerenza dello Stato nella finanza locale.

Un'eventuale interpretazione restrittiva sarebbe maggiormente pregiudizievole per quelle

---

garantire un determinato gettito, che corrisponde a quello del costo delle funzioni. Il gettito garantito è quello potenziale che si ha con una gestione efficace; il costo delle funzioni, invece, è il risultato dell'esercizio delle stesse in condizioni di efficienza.

[45] Problemi interpretativi sono sorti relativamente alla ripartizione di competenze fissato dall'art. 117 Cost. in combinato con l'art. 119 Cost. Significative sono le contraddizioni fra il secondo comma dell'art. 119 ed il secondo e terzo comma dell'art. 117 Cost. In base all'art. 117 la competenza nel definire il sistema tributario e contabile, la politica fiscale e finanziaria e di perequazione, è esclusivamente dello Stato. Il "coordinamento della finanza pubblica e del sistema tributario" (art. 117 terzo comma) è rimesso alla legislazione concorrente Stato Regioni. Ciò fa emergere il limite delle Regioni nell'autonomia finanziaria e nell'istituzione di nuovi tributi (art. 119 secondo comma Cost.).

Parte della dottrina ha sostenuto che in realtà non c'è contraddizione fra le due disposizioni costituzionali. La riforma con legge costituzionale 3/2001, infatti, equiparerebbe la legislazione statale con quella regionale. Ciò porta ad una interpretazione estensiva, in base alla quale la concessione dell'autonomia è diretta ad aumentare la responsabilità erariale, sia dal punto di vista dell'imposizione fiscale sia da quello della riscossione. In questo senso v. F. Tesauro, *Le basi costituzionali della fiscalità regionale e locale,* in *La finanza locale,* 9/2005.

Regioni che non hanno raggiunto una certa autonomia nei confronti del potere statale. Si tratta di Regioni che nel corso del tempo non hanno trovato spazi istituzionali autonomi rispetto allo Stato, anche a causa della non prevista responsabilizzazione.

Se all'assetto organizzativo uscito dalla riforma costituzionale n. 3 del 2001 si vuole dare un'impronta federalista, lo Stato deve avere soltanto la potestà di potere stabilire con proprie leggi i principi generali ed il coordinamento delle politiche tributarie e finanziarie delle Regioni.

In sostanza lo Stato centrale dovrebbe limitarsi a segnare il percorso della politica tributaria e finanziaria, nel rispetto delle direttive europee, mentre la definizione specifica della natura e dell'entità dei tributi dovrebbe essere lasciata alle autonomie tributarie. Questo assetto consentirebbe alle regioni di assumere la responsabilità politica delle scelte e di trovare forme di autofinanziamento per soddisfare le esigenze del territorio e degli amministrati.[46]

L'art. 119 Cost. conferisce autonomia finanziaria oltre che alle Regioni, come abbiamo visto, anche agli Enti locali, attraverso la dotazione di tributi locali propri. Il nuovo art. 119 Cost. non si limita a dare autonomia finanziaria alle Regioni, e di riflesso agli Enti locali minori, ma prevede espressamente più livelli di autonomia.

---

[46] E. JORIO, *Il federalismo fiscale nella previsione costituzionale*, in *Il federalismo fiscale*, Santarcangelo di Romagna, 2009, pp 27 ss.

Un sistema di questo tipo, se portato a regime, potrebbe comportare una concorrenza fra i diversi enti. Naturalmente tutto ciò non è lasciato in balia del caso, della diversità di risorse e condizioni di partenza, ma è associato alla previsione di interventi finanziari aggiuntivi o speciali, e al sistema di perequazione previsto dalla Costituzione.

I principi cardini che informano la riforma costituzionale sono: l'autonomia; l'unità e la coesione solidaristica.

Attraverso la previsione di misure straordinarie, destinate allo sviluppo economico delle autonomie territoriali, si colmano le significative differenze, anche strutturali, fra le diverse aree del territorio.

Attraverso la previsione di un fondo perequativo, senza vincoli di destinazione, si cerca di colmare la diversa capacità di gettito fiscale fra le varie aree territoriali.

2.2   Il fondo perequativo (art. 119 terzo comma Cost.)

I livelli di governo possono essere articolati su più fasce istituzionali oppure può adottarsi un sistema di tipo centralizzato.

Nel momento in cui si aderisce al sistema decentrato, si incontrano due problematiche: il primo è il riparto delle competenze fra i vari livelli amministrativi; il secondo problema, ed è quello che ci interessa maggiormente in questa sede, riguarda la distribuzione delle risorse per far sì che i vari enti

50

siano nelle condizioni di potere fare fronte alle proprie esigenze amministrative e di erogazione di servizi per la collettività.[47]

Il modello del federalismo fiscale richiede la presenza dei c.d. trasferimenti perequativi, per potere dare a tutte le autonomie la possibilità di fornire servizi uniformi.[48]

Il nuovo art. 119 Cost. dà allo Stato la potestà esclusiva di istituire un fondo perequativo per garantire uno sviluppo uniforme di tutti i territori. Il fondo non ha vincoli di destinazione ed è istituito per finanziarie quei territori che hanno una minore capacità fiscale.

Il fatto che le risorse del fondo non siano destinate non è privo di valore, in quanto gli enti rappresentativi delle autonomie locali possono scegliere le modalità di impiego delle risorse attribuite. Queste risorse sono destinate a ridurre il *gap* economico e finanziario a causa delle minori entrate fiscali, garantendo il buon andamento amministrativo e servizi essenziali a livello *standard*.[49]

L'art. 119 Cost., nell'istituire il fondo perequativo, si riferisce in modo specifico agli

---

[47] F. BIAGI, *Federalismo fiscale: analisi e proposte*, in *Liuc Papers Serie economica e impresa*, 57/2007.

[48] I sistemi perequativi possono essere sostanzialmente di tre tipologie: verticale; orizzontale e calcolati in base al fabbisogno e alla capacità fiscale. Il primo tipo è un trasferimento fra livelli diversi di governo (dal livello superiore all'inferiore), mentre la perequazione orizzontale riguarda trasferimenti fra finanziari fra organi dello stesso livello.

[49] I. NICOTRA, *Principio unitario e federalismo fiscale negli ordinamenti a struttura decentrata*, in *Rivista italiana di diritto pubblico comunitario, 1/2005*.

scompensi fiscali. Il divario da colmare, a differenza del vecchio enunciato, è la differenza di "ricchezza prodotta."

In assenza di un intervento perequativo le prestazioni sarebbero direttamente proporzionali alla capacità fiscale di ogni singolo territorio. Conseguentemente una maggiore produzione darebbe un incremento quantitativo e qualitativo dei servizi offerti . Da qui la necessità di un intervento per quelle aree territoriali non in grado di fare fronte alle proprie competenze, per colmare gli squilibri fiscali per dare modo alle autonomie locali di garantire standard minimi di servizi, così come previsto dall'art. 119 Cost. e dalla giurisprudenza.[50]

---

[50] La Sentenza Corte Cost. n. 134/2006 ha stabilito che "La disposizione impugnata conferma esplicitamente la disciplina dell'art. 54 della legge n. 289 del 2002 per la determinazione dei LEA, ma, «anche al fine di garantire che le modalità di erogazione delle stesse siano uniformi sul territorio nazionale», prevede che possano essere «fissati gli standard qualitativi, strutturali, tecnologici, di processo e possibilmente di esito, e quantitativi di cui ai livelli essenziali di assistenza» tramite una nuova procedura, che prevede un regolamento del Ministro della salute, di concerto con il Ministro dell'economia e delle finanze, «sentita la Conferenza permanente per i rapporti tra lo Stato, le regioni e le Province autonome di Trento e di Bolzano.

Questa disposizione legislativa individua gli standard in termini tali da rendere evidente che si tratta di integrazioni e specificazioni sul versante attuativo dei LEA esistenti nel settore sanitario e che intenderebbero assicurare una migliore erogazione. Non può essere negata la possibilità del legislatore statale di giungere ad una più analitica ed effettiva tutela dei LEA, non è definibile, almeno in astratto, un livello di specificazione delle prestazioni che faccia venire meno il requisito della loro essenzialità, essendo questo tipo di valutazioni costituzionalmente affidato proprio al legislatore statale (che, in effetti, tramite alcune specifiche disposizioni legislative, ha anche proceduto a definire direttamente alcune prestazioni come livelli essenziali).

Il legislatore costituzionale, contrariamente al vecchio art. 119 Cost., individua nel divario di "ricchezza prodotta" l'elemento da compensare. Si riferisce alle differenti capacità fiscali fra i vari territori e dà per assodato che gli *standard* dei servizi offerti siano direttamente proporzionali alle entrate erariali. Conseguentemente in assenza di un intervento perequativo, si verrebbero a creare dei livelli di prestazione proporzionati al gettito fiscale locale dei destinatari e contribuenti.

Il fondo perequativo, così come concepito dalla Costituzione, è "integrale per spessore e parziale per estensione: integrale perché assicura all'ente risorse eguali al gettito che l'aliquota di pressione fiscale riconosciutagli produrrebbe qualora la capacità contributiva della sua popolazione fosse eguale a quella della collettività più ricca; parziale perché ad essere perequato […] in misura integrale è comunque soltanto il minore gettito dell'aliquota di pressione fiscale riconosciutagli, mentre non è in alcun modo perequato il minore gettito che l'ente

---

Non può pertanto esserci nessun dubbio che anche la fissazione degli *standard* costituisca esercizio della competenza assegnata allo Stato dall'art. 117, secondo comma, lettera m), della Costituzione.

Se la individuazione degli standard – la quale determina indubbiamente una compressione dell'autonomia legislativa ed amministrativa delle Regioni garantita dal Titolo V della Costituzione – non può trovare legittimazione costituzionale che nella già richiamata lettera m) del secondo comma dell'art. 117 della Costituzione, la relativa disciplina deve essere omogenea a quella prevista espressamente per i LEA, ove si ipotizzi, come nel caso del comma 169 della legge n° 311 del 2004, che la loro adozione avvenga tramite una procedura non legislativa.".

con minore capacità contributiva ricaverebbe dalla decisione di aumentare la pressione fiscale."[51]

Attraverso la lettura dell'art. 119 Cost. è possibile individuare nella volontà del legislatore, la realizzazione di un sistema di finanziamento delle Regioni autonomo, con la previsione di finanziamenti che rendano possibile la copertura delle spese correnti e per le funzioni amministrative connesse a cui devono fare fronte gli enti.

Il fondo perequativo in questo contesto è un ulteriore strumento per favorire l'autonomia, al netto di ulteriori ed eventuali finanziamenti a titolo di risorse aggiuntive e speciali[52] "per promuovere lo sviluppo economico, la coesione sociale e la solidarietà sociale, per rimuovere gli squilibri economici e sociali, per favorire l'effettivo esercizio dei diritti alla persona, o per provvedere a scopi diversi dal normale esercizio delle loro funzioni [...]" (art. 119 quinto comma).

Per potere comprendere pienamente l'importanza del fondo perequativo bisogna tenere in considerazione che tale strumento consente non solo l'erogazione *standard* dei servizi pubblici, ma anche il rispetto dei diritti civili e sociali uniformi in tutto il territorio nazionale, evitando che la frammentazione delle politiche regionali possano rendere disomogenei i diritti dei cittadini.[53] In altri

---

[51] Così A. BRANCASI, *L'autonomia finanziaria delle Regioni e l'attuazione dell'art. 119 della Costituzione,* in relazione del Convegno *Titolo quinto, devolution, Regione Umbria,* Perugia 5 maggio 2006.

[52] E. JORIO, *Prime riflessioni sul testo "Giarda bis",* in www.federalismi.it, 9/2007.

[53] E. JORIO, *Diritto sanitario,* Milano, 2006.

termini la previsione di tale fondo permette un'efficace "articolazione dei livelli essenziali e della perequazione."[54]

L'attuazione dei trasferimenti perequativi incontra, però, una difficoltà: l'indeterminatezza delle disposizioni. L'art. 119 Cost., infatti, prevede la costituzione di un fondo perequativo per le risorse da destinare ai territori con minore capacità fiscale, ma omette di indicare il parametro oggettivo di riferimento.[55]

La dottrina ha individuato come parametro di riferimento, per potere intervenire con il fondo perequativo, l'inettitudine del territorio ad una produzione soddisfacente e ad una incapacità fiscale minima, sufficiente a coprire i livelli essenziali di servizi sociali, così come previsti dalla stessa Costituzione.[56]

Parte della dottrina[57] ritiene che tale correzione possa avvenire attraverso due

---

[54] P. DE IOANNA, *Il Titolo V della Costituzione: livelli essenziali e perequazione. Note e spunti alla luce della recente giurisprudenza costituzionale*, in www.giustizia-amministrativa.it, 2004.

[55] Si tratta di indicare, ad esempio, se il riferimento è la media nazionale o qualche altro parametro. P. GIARDA, *Sull'incompletezza del sistema del federalismo fiscale proposto dalla nuova Costituzione: ci sono rimedi?*, in www.astrid-online.it, 2003.

[56] E. JORIO, *Il fondo perequativo e i livelli essenziali delle prestazioni sanitarie*, in G. GAMBINO (a cura di), *Assistenza sociale e tutela della salute. Verso un nuovo welfare regionale-locale*, Roma, 2004.

[57] S. GAMBINO, *Normazione regionale e locale e tutela dei diritti fondamentali (fra riforme costituzionali, sussidiarietà, e diritti fondamentali)*, in AA. VV., *Tecniche di normazione e tutela giurisdizionale dei diritti fondamentali*, Torino, 2007.

meccanismi per equilibrare la capacità di spesa dei territori con minore capacità di gettito fiscale: una complessiva ed una di tipo parziale.

La prima tipologia di intervento, quella complessiva, mira a compensare il minore introito a causa della limitata capacità fiscale. La misura complessiva è orientata a rendere effettivo ed efficace il ruolo e le competenze degli enti, in quanto altrimenti non sarebbero in grado di fare fronte alle attività che competono, per garantire tutti quei servizi collettivi nel rispetto dei diritti sociali.

La seconda tipologia di intervento, invece, è parziale. In questo caso l'ente territoriale è in grado di fare fronte ai propri impegni verso i cittadini, ma è utile attenuare le differenze di tipo finanziario fra le varie regioni.[58]

Il fondo perequativo è il tipico strumento di sussidiarietà verticale fra Stato e Regioni. Compete esclusivamente allo Stato (art. 117 comma secondo lett. *m* Cost.) la "determinazione dei livelli essenziali delle prestazioni concernenti i diritti civili e sociali che devono essere garantiti su tutto il territorio nazionale."

---

[58] La Costituzione non fa nessun riferimento se le misure compensative debbano essere di tipo complessivo o di tipo parziale. Il sistema costituzionale italiano richiederebbe un livello complessivo di compensazione e parziale per altri.

La perequazione complessiva opererebbe in tutte quelle materie con competenza concorrente Stato Regioni (art. 117 seconda comma Cost.).

La perequazione parziale, invece, sarebbe applicabile là dove le Regioni hanno competenza esclusiva. In questi casi lo Stato, attraverso il fondo perequativo, dovrebbe garantire il riallineamento sufficiente a colmare il minore introito fiscale. P. GIARDA, *Sull'incompletezza*, cit.

2.3 Le risorse aggiuntive e gli interventi speciali (art. 119 quinto comma Cost.)

Il quinto comma dell'art. 119 Cost.[59] prevede le risorse aggiuntive e gli interventi speciali "Per promuovere lo sviluppo economico, la coesione e la solidarietà sociale, per rimuovere gli squilibri economici e sociali, per favorire l'effettivo esercizio dei diritti della persona, o per provvedere a scopi diversi dal normale esercizio delle loro funzioni [...]."

La previsione contenuta nel quinto comma dell'art. 119 Cost. è differente rispetto a quella contenuta nel terzo comma, che istituisce il fondo perequativo.[60]

Il fondo perequativo, infatti, è destinato a ridurre gli squilibri fiscali fra le diverse aree del territorio, le risorse aggiuntive e gli interventi speciali, invece, rispondono alle esigenze individuate nel territorio, si tratta comunque di una forma di perequazione, ma vincolata. I destinatari

---

[59] Il precedente art. 119 in merito si limitava a stabilire gli interventi speciali, comunque con destinazione vincolata, per alcune Regioni, quelle meridionali appunto, le quali non avevano nessuna autonomia di spesa. Lo Stato stabiliva la tipologia degli interventi speciali e le modalità di utilizzo delle risorse destinate alla Regione.
[60] Anche per le risorse aggiuntive e gli interventi speciali viene applicato il principio di sussidiarietà verticale. È lo Stato, infatti, che stabilisce quali sono le risorse da destinare alle diverse autonomie, in rapporto alle esigenze che si presentano.

naturali di tali risorse sono, ovviamente, Regioni, Città metropolitane, Province e Comuni.

Con la previsione delle risorse aggiuntive e degli interventi speciali,[61] così come strutturati dopo la riforma del Titolo V della Costituzione, è sostenibile che si tratti di una modifica in senso federale dei rapporti fra lo Stato da un lato e gli Enti territoriali dall'altro.[62]

La finalità di questa tipologia di intervento è di "perseguire l'obiettivo dello sviluppo economico delle aree sottoutilizzate nella

---

[61] La Corte costituzionale ha affermato che "Gli interventi speciali previsti dall'articolo 119, quinto comma, a loro volta, non solo debbono essere aggiuntivi rispetto al finanziamento integrale (articolo 119, quarto comma) delle funzioni spettanti ai Comuni o agli altri enti, e riferirsi alle finalità di perequazione e di garanzia enunciate nella norma costituzionale, o comunque a scopi diversi dal normale esercizio delle funzioni, ma debbono essere indirizzati a determinati Comuni o categorie di Comuni (o Province, Città metropolitane, Regioni). L'esigenza di rispettare il riparto costituzionale delle competenze legislative fra Stato e Regioni comporta altresì che, quando tali finanziamenti riguardino ambiti di competenza delle Regioni, queste siano chiamate ad esercitare compiti di programmazione e di riparto dei fondi all'interno del proprio territorio.

Ove non fossero osservati tali limiti e criteri, il ricorso a finanziamenti *ad hoc* rischierebbe di divenire uno strumento indiretto ma pervasivo di ingerenza dello Stato nell'esercizio delle funzioni degli enti locali, e di sovrapposizione di politiche e di indirizzi governati centralmente a quelli legittimamente decisi dalla Regione negli ambiti materiali di propria competenza." Corte Cost. sentenza n. 16/2004.

[62] Anche la giurisprudenza si è espressa in tal modo, ritenendo di fondamentale importanza l'accelerazione di tale percorso, tanto da considerarlo "[...] urgente al fine di concretizzare davvero quanto previsto dal nuovo Titolo V della Costituzione [...]." Corte Cost. sentenza n. 370/2003.

prospettiva del superamento del dualismo economico del Paese."[63]

2.4   Il limite all'indebitamento (art. 119 sesto comma Cost.)

Il sesto comma dell'articolo 119 Cost. pone un'importante prescrizione necessaria al buon funzionamento economico delle attività svolte in tutto l'ordinamento dalle autonomie. "[...] (le Regioni) Possono ricorrere all'indebitamento solo per finanziare spese di investimento. È esclusa ogni garanzia dello Stato sui prestiti degli stessi contratti."[64]

Tale prescrizione ha interdetto la possibilità di ogni forma di indebitamento che abbia come fine la copertura di spese di funzionamento e gestionali, di finanziamento di disavanzi relativi a precedenti esercizi finanziari.[65]

---

[63] Così l'art. 1 della legge delega n. 42/2009.

[64] Un forte contributo attuativo di tale disposizione si è avuta con la legge finanziaria per il 2004 (l. n. 350/2003 Disposizioni per la formazione del bilancio annuale e pluriennale dello Stato). La l. 350/2003 ha fornito una definizione di "indebitamento" e di "investimento" con indicazione di quali interventi rientrano nella prima e quali nella seconda categoria.

Le spese di investimento possono essere affrontate dagli enti territoriali, anche ricorrendo all'indebitamento, soltanto se sono "dirette" ad incrementare l'economia delle Regioni e degli enti locali.

[65] Si veda la deliberazione della Corte dei conti n. 14/2008G, la quale al riguardo ha stabilito che "Allo scopo di contenere il costo dell'indebitamento e monitorare l'adempimento delle finanze pubbliche, l'articolo 204 del decreto legislativo n.

Specularmene vengono escluse tutte quelle spese indirette che sono destinati alla ricapitalizzazione di società a partecipazione pubblica o di aziende pubbliche, per ripianarne il debito. In questi casi, infatti, la legge impone l'uso di strumenti finanziari a carico del bilancio regionale.[66]

3. La legge delega sul federalismo fiscale (legge n. 42/2009)

---

267 del 2000 pone dei vincoli, allorché l'Ente locale intende ricorrere all'indebitamento per finanziare gli investimenti e dal 1 gennaio 2005 l'articolo 1, comma 44, della legge 30 dicembre 2004 n. 311 ha ridotto il limite di indebitamento precedente (stabilito al 25%) fissandolo al 12% annui.

Infatti, il ricorso all'indebitamento non è ininfluente dal punto di vista finanziario, in quanto rappresenta uno dei maggiori fattori di crescita della spesa corrente.

Ciò impone all'Ente locale che intenda finanziare un determinato investimento mediante l'indebitamento una preventiva disamina, veritiera e corretta, circa i flussi di cassa preventivabili, nonché sulla misura in cui la scelta dell'investimento da realizzare andrà ad incidere sugli equilibri, anche futuri, di bilancio.

La Sezione deve, pertanto, dichiarare che il limite di indebitamento fissato dall'articolo 204 del decreto legislativo n. 267 del 2000 per l'anno 2006 non risulta rispettato e segnalare all'Organo consiliare tale irregolarità, richiamando altresì la delibera n. 13/2006/G del 14 novembre 2006 relativa al controllo sul bilancio preventivo 2006, nonché la delibera n. 16/2007/G del 3 aprile 2007, relativa al controllo sul bilancio consuntivo 2005"

[66] Parte della dottrina sostiene che la clausola di usare fondi del proprio bilancio regionale per fare fronte a difficoltà finanziarie contraddice la vocazione federalista della riforma e la possibilità di un reale sviluppo economico, perché limiterebbe molto la Regione ad operare liberamente nel proprio territorio di competenza. Così A. BRANCASI, *L'autonomia finanziaria*, cit.

Il federalismo fiscale del nostro ordinamento giuridico può essere ricondotto alla clausola dell'autosufficienza finanziaria previsto dall'art. 119 Cost., secondo cui Regioni ed Enti locali devono disporre di tributi ed entrate proprie ed eventualmente dei trasferimenti previsti dal fondo perequativo.[67]

L'attuazione del precetto dell'art. 119 Cost. per diverso tempo non è stato applicato, tenendo fermo un settore importante come quello del finanziamento pubblico, con ripercussioni sul buon funzionamento della Pubblica amministrazione intesa in senso lato.

In sostanza dopo la riforma costituzionale del 2001, inerente il c.d. federalismo fiscale, è stato svuotato dall'applicazione dei vecchi sistemi di finanziamento precedenti alla riforma.[68] Non si è prodotto ciò che la riforma del Titolo V ha voluto introdurre,[69] principalmente, per quello che in questa

---

[67] La clausola dell'autosufficienza finanziaria suscita un dubbio: si tratta di una garanzia all'autonomia regionale o sancisce il disimpegno dello Stato?

[68] M. BERTOLISSI, *Federalismo fiscale*, cit.

[69] Negli anni immediatamente successivi alla riforma costituzionale del 2001 c'è stata una sottovalutazione del tema del finanziamento pubblico, che, di fatto, ha impedito l'applicazione concreta dei novellati principi costituzionali in tema di finanza pubblica e di sistema tributario. In sostanza si è proceduto, in questi anni, attraverso soluzioni contingenti ed estemporanee contenute all'interno delle varie leggi finanziarie che si sono succedute nei diversi anni. Questa esperienza di immobilismo normativo ha fatto emergere alcune problematiche e dubbi sulla realtà economica del nostro ordinamento giuridico. I dubbi che sono sorti sono relativi a quali sarebbero le conseguenze

sede interessa, non si è attuato una maggiore e diretta corrispondenza fra le risorse finanziarie degli enti territoriali e le funzioni esercitate da tali autonomie.[70]

Il provvedimento legislativo oggi di riferimento del federalismo fiscale[71] è la legge delega n. 42/2009.[72] Con tale legge si sanciscono i

---

dell'attuazione di questi principi di federalismo fiscale, considerata la particolare composizione geografica italiana. Nel nostro tessuto economico, infatti, ci sono notevoli differenze economiche che potrebbero costituire un limite ed un ostacolo allo sviluppo di certe aree. In questo senso vedi M. TRABUCCHI, *Fragilità e devolution: appunti sulla protezione dei deboli in un sistema sanitario regionalizzato e oltre*, in *Tendenza nuove*, III, Bologna, 2003.

[70] In questo senso si veda F. BARCA, F. CAPPIELLO, L. RAVONI, M. VOLPE, *Federalismo, equità, sviluppo – I risultati delle politiche pubbliche analizzati e misurati dai Conti Pubblici Territoriali*, Bologna, 2006.

[71] In termini più o meno concreti si iniziò a prendere in considerazione il federalismo fiscale con la legge delega n. 133 del 13 maggio 1999 (Disposizioni in materia di perequazione, razionalizzazione e federalismo fiscale), successivamente attuata con il decreto legislativo n°56 del 18 febbraio 2000. Questa legge delega fu la fonte principale dei principi che poi furono accolti nella riforma costituzionale del 2001. Tra le principali novità introdotte ricordiamo: (articolo 1) l'abrogazione del trasferimento fondi dallo Stato alle Regioni in materia sanitaria; (articolo 2) compartecipazione delle Regioni al gettito prodotto dall'IVA; (articoli 3 e 4) incremento proporzionale dell'addizionale regionale Irpef e sulle accise; (articolo 7) istituzione del fondo perequativo.

[72] Pubblicata nella G.U.R.I. n. 3 del 6 maggio 2009, la legge delega è strutturata in 10 Capi, afferenti a: Capo I "Contenuti e regole di coordinamento finanziario", strutturato in 6 articoli; Capo II "Rapporti finanziari Stato-Regioni", strutturato nei successivi 4 articoli; Capo III "Finanza degli enti locali", compreso fra gli articoli 11 e 14; Capo IV "Finanziamento delle città metropolitane", articolo 15; Capo V "Interventi speciali",

principi generali da applicarsi nell'arco di ventiquattro mesi, attraverso l'approvazione di uno o più decreti legislativi applicativi, finalizzati non solo all'autonomia di Regioni, Città metropolitane, Province e Comuni, ma anche al funzionamento generale del sistema tributario.[73]

La legge delega cerca di dare operatività concreta, attraverso l'approvazione dei successivi decreti attuativi, al novellato articolo 119 della Costituzione. Le principali novità interessanti per le finalità di questo studio, si individuano:

- disciplina del sistema perequativo a favore di Regioni ed enti locali;
- individuazione di criteri normativi di dettaglio per l'amministrazione del patrimonio della Repubblica;
- Individuazione e costituzione di un assetto stabile della finanza di Regioni, Città

---

articolo 16; Capo VI "Coordinamento dei diversi livelli di governo", inserito negli articoli 17 e 18; Capo VII "Patrimonio di Regioni ed enti locali", articolo 19; Capo VIII "Norme transitorie e finali", contenute negli articoli compresi fra 20 e 26; Capo IX "Obiettivi di perequazione e di solidarietà per le Regioni a statuto speciale e per le province autonome di Trento e Bolzano", articolo 27; Capo X "Salvaguardia finanziaria ed abrogazioni", inserito negli articoli 28 e 29.

[73] I decreti legislativi di attuazione della legge delega n. 42/2009 sono otto: n. 85 del 28 maggio 2010 (G.U.R.I. n. 134 dell'11 giugno 2010); n. 156 del 17 settembre 2010 (G.U.R.I. n. 219 del 18 settembre 2010); n. 216 del 26 novembre 2010 (G.U.R.I. n. 294 del 17 dicembre 2010); 23 del 14 marzo 2011 (G.U.R.I. n. 67 del 23 marzo 2011); n. 68 del 6 maggio 2011 (G.U.R.I. n. 109 del 12 maggio 2011); n. 88 del 31 maggio 2011 (G.U.R.I n. 143 del 22 giugno 2011); n. 118 del 23 giugno 2011 (G.U.R.I. n. 172 del 26 luglio 2011); n. 149 del 6 settembre 2011 (G.U.R.I. n. 219 del 20 settembre 2011). Si veda *infra* § 4.

metropolitane, Province e Comuni, attraverso l'applicazione di criteri di solidarietà e la coesione sociale, che vada gradatamente a sostituire il precedente criterio della spesa storica, per responsabilizzare gli enti territoriali e favorire un controllo democratico sull'operato degli amministratori;

- individuazione di un indicatore economico utile per stimare l'intervento pubblico delle istituzioni beneficiarie dei finanziamenti;

- concretizzazione dell'autonomia tributaria, attraverso la predisposizione di disposizioni funzionali da attribuire alle Regioni, da esercitarsi con la previsione di tributi regionali e locali;

- predisposizione di un meccanismo incentivante nei riguardi di enti il cui comportamento è in linea con i parametri richiesti e sanzionatorio verso gli inadempienti;

- adozione di politiche di bilancio in stretta coerenza con le indicazioni dei Patti di stabilità e crescita;

- individuazione di regole uniformi di contabilità, attraverso la definizione di principi uniformi.

Tutto ciò ha reso necessaria l'individuazione, da parte del legislatore delegato, di quali devono essere le necessarie funzioni pubbliche regionali, anche attraverso l'intervento del fondo perequativo ad integrazione della copertura del finanziamento mancante, e quali, invece, devono essere finanziati in altri modi, come ad esempio la partecipazione diretta dei cittadini interessati, assicurando una fiscalità decentrata.

I punti caratterizzanti la legge delega, che cercano di apportare le novità sostanziali all'interno del nostro ordinamento sono:

I) il principio di sussidiarietà fiscale;

II) l'assegnazione dei tributi;

III) i costi *standard*;

IV) la perequazione;

V) l'introduzione di un sistema unitario di contabilità.

3.1 Il principio di sussidiarietà fiscale

Per sussidiarietà fiscale si intende lo strumento attraverso il quale emergono le capacità peculiari di produttività nell'ambito di un certo territorio.

Attraverso il meccanismo della sussidiarietà gli enti territoriali attivano, nell'ambito delle proprie potenzialità di imposizione tributaria limitata dalla legislazione statale, una serie di operazioni di autonomia impositiva.[74]

I vari enti territoriali dovranno predisporre una serie di attività finalizzate all'aumento della produttività nel proprio ambito di competenza,

---

[74] In questo senso si veda un importante contributo A. PETRETTO, *La legge delega sul federalismo fiscale: problematiche e opportunità per gli enti locali*, in www.federalismi.it, 2009. L'autore fa un'interessante distinzione tra territorialità e autonomia tributaria. Mentre la territorialità tende ad essere garantita "con compartecipazioni al gettito di tributi erariali con quote fissate a livello statale"; l'autonomia tributaria, invece, viene posta in essere attraverso una "effettiva manovrabilità di tributi propri".

affinché le maggiori utilità fiscali siano indotti da un maggiore gettito fiscale provocato da un aumento della base imponibile.

La legge delega punta ad un ruolo attivo della pubblica amministrazione che, in un'ottica di "imprenditorialità istituzionale", sia da stimolo per l'economia circostante.

Un problema costituzionale rilevante è il fatto che, come ben noto, le autonomie territoriali non hanno potestà legislativa, non possono decidere autonomamente tributi propri e non possono incidere in modo determinante su quelli regionali già esistenti. La Regione, infatti, può istituire tributi solo nella misura in cui venga attribuita la competenza da una legge statale.

In sostanza necessita un ulteriore decreto legislativo attuativo per intervenire specificatamente sull'argomento relativo alla competenza regionale nella gestione dei tributi, ma bisogna anche che venga disciplinata la competenza e le funzioni degli altri enti territoriali (Città Metropolitane, Province e Comuni).

3.2 L'assegnazione dei tributi

Per quanto riguarda l'assegnazione dei tributi bisogna fare riferimento a due articoli fondamentali per comprendere il meccanismo: l'articolo 7 e 12 della legge delega n. 42/2009. L'articolo 7[75] fa riferimento ai "Principi e criteri

---

[75] Il testo dell'articolo 7 è il seguente "I decreti legislativi di cui all'articolo 2 disciplinano i tributi delle regioni, in base ai

direttivi relativi ai tributi delle regioni e alle

seguenti principi e criteri direttivi:

a) le regioni dispongono di tributi e di compartecipazioni al gettito dei tributi erariali, in via prioritaria a quello dell'imposta sul valore aggiunto (IVA), in grado di finanziare le spese derivanti dall'esercizio delle funzioni nelle materie che la Costituzione attribuisce alla loro competenza esclusiva e concorrente nonché le spese relative a materie di competenza esclusiva statale, in relazione alle quali le regioni esercitano competenze amministrative;

b) per tributi delle regioni si intendono:

1) i tributi propri derivati, istituiti e regolati da leggi statali, il cui gettito è attribuito alle regioni;

2) le addizionali sulle basi imponibili dei tributi erariali;

3) i tributi propri istituiti dalle regioni con proprie leggi in relazione ai presupposti non già assoggettati ad imposizione erariale;

c) per i tributi di cui alla lettera b), numero 1), le regioni, con propria legge, possono modificare le aliquote e disporre esenzioni, detrazioni e deduzioni nei limiti e secondo criteri fissati dalla legislazione statale e nel rispetto della normativa comunitaria; per i tributi di cui alla lettera b), numero 2), le regioni, con propria legge, possono introdurre variazioni percentuali delle aliquote delle addizionali e possono disporre detrazioni entro i limiti fissati dalla legislazione statale;

d) le modalità di attribuzione alle regioni del gettito dei tributi regionali istituiti con legge dello Stato e delle compartecipazioni ai tributi erariali sono definite in conformità al principio di territorialità di cui all'articolo 119 della Costituzione. A tal fine, le suddette modalità devono tenere conto:

1) del luogo di consumo, per i tributi aventi quale presupposto i consumi; per i servizi, il luogo di consumo può essere identificato nel domicilio del soggetto fruitore finale;

2) della localizzazione dei cespiti, per i tributi basati sul patrimonio;

3) del luogo di prestazione del lavoro, per i tributi basati sulla produzione;

4) della residenza del percettore, per i tributi riferiti ai redditi delle persone fisiche;

e) il gettito dei tributi regionali derivati e le compartecipazioni al gettito dei tributi erariali sono senza vincolo di destinazione."

compartecipazioni al gettito dei tributi erariali".
Secondo la disposizione saranno di competenza
regionale (art. 7 lettera *b*): A) i tributi propri
derivati, istituiti e regolati da leggi statali, il cui
gettito è attribuito alle regioni; B) le addizionali
sulle basi imponibili dei tributi erariali; C) i tributi
propri istituiti dalle regioni con proprie leggi in
relazione ai presupposti non già assoggettati ad
imposizione erariale. Agli enti locali spetteranno le
entrate previste dall'articolo 12[76] (Principi e criteri

---

[76] "I decreti legislativi di cui all'articolo 2, con riferimento
al coordinamento ed all'autonomia di entrata e di spesa degli enti
locali, sono adottati secondo i seguenti principi e criteri direttivi:

a) la legge statale individua i tributi propri dei comuni e
delle province, anche in sostituzione o trasformazione di tributi
già esistenti e anche attraverso l'attribuzione agli stessi comuni e
province di tributi o parti di tributi già erariali; ne definisce
presupposti, soggetti passivi e basi imponibili; stabilisce,
garantendo una adeguata flessibilità, le aliquote di riferimento
valide per tutto il territorio nazionale;

b) definizione delle modalità secondo cui le spese dei
comuni relative alle funzioni fondamentali di cui all'articolo 11,
comma 1, lettera a), numero 1), sono prioritariamente finanziate
da una o più delle seguenti fonti: dal gettito derivante da una
compartecipazione all'IVA, dal gettito derivante da una
compartecipazione all'imposta sul reddito delle persone fisiche,
dalla imposizione immobiliare, con esclusione della tassazione
patrimoniale sull'unità immobiliare adibita ad abitazione
principale del soggetto passivo secondo quanto previsto dalla
legislazione vigente alla data di entrata in vigore della presente
legge in materia di imposta comunale sugli immobili, ai sensi
dell'articolo 1 del decreto-legge 27 maggio 2008, n. 93,
convertito, con modificazioni, dalla legge 24 luglio 2008, n. 126;

c) definizione delle modalità secondo cui le spese delle
province relative alle funzioni fondamentali di cui all'articolo 11,
comma 1, lettera a), numero 1), sono prioritariamente finanziate
dal gettito derivante da tributi il cui presupposto è connesso al
trasporto su gomma e dalla compartecipazione ad un tributo
erariale;

direttivi concernenti il coordinamento e l'autonomia di entrata e di spesa degli enti locali) della legge delega, al netto della quota di perequazione di loro spettanza e al lordo dei tributi locali istituiti dalla Regione con riguardo a presupposti non assoggettati a imposizione statale e alle compartecipazioni delle

---

d) disciplina di uno o più tributi propri comunali che, valorizzando l'autonomia tributaria, attribuisca all'ente la facoltà di stabilirli e applicarli in riferimento a particolari scopi quali la realizzazione di opere pubbliche e di investimenti pluriennali nei servizi sociali ovvero il finanziamento degli oneri derivanti da eventi particolari quali flussi turistici e mobilità urbana;

e) disciplina di uno o più tributi propri provinciali che, valorizzando l'autonomia tributaria, attribuisca all'ente la facoltà di stabilirli e applicarli in riferimento a particolari scopi istituzionali;

f) previsione di forme premiali per favorire unioni e fusioni tra comuni, anche attraverso l'incremento dell'autonomia impositiva o maggiori aliquote di compartecipazione ai tributi erariali;

g) previsione che le regioni, nell'ambito dei propri poteri legislativi in materia tributaria, possano istituire nuovi tributi dei comuni, delle province e delle città metropolitane nel proprio territorio, specificando gli ambiti di autonomia riconosciuti agli enti locali;

h) previsione che gli enti locali, entro i limiti fissati dalle leggi, possano disporre del potere di modificare le aliquote dei tributi loro attribuiti da tali leggi e di introdurre agevolazioni;

i) previsione che gli enti locali, nel rispetto delle normative di settore e delle delibere delle autorità di vigilanza, dispongano di piena autonomia nella fissazione delle tariffe per prestazioni o servizi offerti anche su richiesta di singoli cittadini;

l) previsione che la legge statale, nell'ambito della premialità ai comuni e alle province virtuosi, in sede di individuazione dei principi di coordinamento della finanza pubblica riconducibili al rispetto del patto di stabilità e crescita, non possa imporre vincoli alle politiche di bilancio degli enti locali per ciò che concerne la spesa in conto capitale limitatamente agli importi resi disponibili dalla regione di appartenenza dell'ente locale o da altri enti locali della medesima regione."

Regioni in riferimento agli enti locali minori. (art. 2, secondo comma, lettera *q)* ed *s)*).

Per i Comuni (art. 12 lettere *a)*, *b)*, *d)* e *g)*) le previsioni di entrate tributarie sono: A) i tributi propri individuati dalla legge statale; B) la compartecipazione all'Iva e all'Irpef; C) il tributo proprio comunale istituito in riferimento a scopi particolari; D) i tributi di istituzione regionale.

Per quanto riguarda le Province, invece, spetteranno le risorse previste dalle lettere *a)*, *b)*, *e)* e *g)*. A) tributi propri individuati dalla legge statale; B) compartecipazione ad un apposito tributo erariale; C) tributo proprio attributivo della facoltà di applicazione e di destinazione a scopi istituzionali; D) tributi di istituzione regionale.

Le Città metropolitane, infine, avranno attribuiti gli strumenti dell'articolo 12 lettera *g)*, così come per Comuni e Province, in più avranno le competenze previste dall'articolo 15 primo comma, rubricato "Finanziamento delle città metropolitane", il quale prevede: A) tributi propri, anche diversi da quelli assegnati ai Comuni; B) tributi applicati in relazione al finanziamento delle spese riconducibili all'esercizio delle loro funzioni istituzionali, fermo restando quanto previsto per il tributo di scopo.

3.3 I costi *standard*

Per costo *standard* si intende la spesa media per produrre un determinato bene e servizio in condizioni di normalità operativa. Si tratta del costo preventivato per ogni unità prodotta o di risorsa impiegata. In sostanza riguarda una stima di costo unitario che dovrà essere sostenuto per realizzare un determinato bene o servizio.[77]

Il sistema usato fino ad adesso era quello della "spesa storica", un sistema totalmente diverso a quello del "costo *standard.*" La legge in esame ne sancisce la sostituzione graduale nell'arco di un quinquennio.[78]

I costi *standard* fanno riferimento al *quantum* minimo per potere garantire il soddisfacimento dei bisogni essenziali attraverso l'erogazione dei servizi pubblici. La legge delega,

---

[77] I costi *standard* non sono neanche minimamente presumibili, in quanto sono il risultato di procedimenti matematici fondati su modelli specifici di calcolo. Il problema fondamentale che sorge al riguardo è comprendere come vengono individuati i riferimenti di valore e assumerli a paradigma, anche qualitativo. Nella legge delega non c'è la minima traccia in merito, lasciando ampio spazio alle libere definizioni. In sostanza i parametri di determinazione dei costi *standard* sono tutti da individuare per il loro impiego. Per la loro determinazione si dovrà tenere conto di diverse variabili: della dimensione territoriale dell'ente; delle condizioni socio-economiche e delle caratteristiche delle popolazioni beneficiarie dell'eventuale intervento perequativo. Si veda in questo senso S. FOLLI, *Bene l'idea ma ora tutti i costi*, in Il Sole 24 Ore del 30 aprile 2009, pp 1 e 14.

[78] L'art. 8 lettera *b*) della legge delega stabilisce che la "definizione delle modalità per cui le spese riconducibili alla lettera a), numero 1), sono determinate nel rispetto dei costi standard associati ai livelli essenziali delle prestazioni fissati dalla legge statale in piena collaborazione con le regioni e gli enti locali, da erogare in condizioni di efficienza e di appropriatezza su tutto il territorio nazionale"; l'art. 20 lettera *b*), invece, fissa in cinque anni la sua totale applicazione "l'utilizzo dei criteri definiti dall'articolo 9 avviene a partire dall'effettiva determinazione del contenuto finanziario dei livelli essenziali delle prestazioni, mediante un processo di convergenza dalla spesa storica al fabbisogno *standard* in un periodo di cinque anni."

come già detto, è ancora una scatola vuota che deve riempirsi di contenuti con un decreto attuativo, sulla base del quale dovranno essere definiti le risorse occorrenti per garantire un'erogazione minima dei livelli essenziali per i servizi offerti dai Comuni, Province e Città metropolitane.

Il D.lgs. n. 216/2010 disciplina la determinazione del fabbisogno *standard* degli enti territoriali, con l'obiettivo di garantire un graduale e definitivo superamento del precedente criterio, quello storico, a quello del fabbisogno *standard* (si veda *infra* § 4).

Il modello così individuato, del costo medio ponderato territorialmente competente, è da mettere in correlazione con il fabbisogno, da intendersi *standard* anche esso naturalmente, messo a disposizione dei bilanci degli enti coinvolti per l'erogazione dei servizi necessari.

Tale previsione ha lo scopo di evitare consumi di risorse superiori a quelli ritenuti necessari in quanto riconosciuti attraverso il modello dei costi e fabbisogni *standard*.

Nel caso in cui dovesse esserci una spesa superiore a quella di previsione e alle risorse assegnate in virtù della spesa ritenuta "giusta", il relativo costo aggiuntivo sarà a carico dell'ente, che dovrà predisporre le misure per procurarsi tali risorse, anche con il ricorso alla propria potestà di imposizione tributaria.[79]

---

[79] Il provvedimento attuativo del fabbisogno e del costo *standard* è il D.lgs. n. 216/2010.

3.4 La perequazione

Il sistema perequativo è uno dei punti nodali per la corretta e uniforme erogazione di tutti quei servizi necessari per garantire i livelli minimi essenziali.[80] In questo modo si attua il principio costituzionalmente garantito[81] dell'erogazione delle prestazioni afferenti alla cittadinanza e assicurare il completo esercizio delle funzioni fondamentali dei livelli di amministrazione locale. In sostanza la perequazione acquisterebbe un valore superiore ad un semplice sistema di distribuzione di risorse, in quanto è di fondamentale importanza per il rispetto dei principi costituzionali in tema di cittadinanza e di diritti in genere.

Da sempre la perequazione ha rappresentato uno degli argomenti che maggiormente hanno contribuito al dibattito fra costituzionalisti, già nel momento in cui fu introdotta per la prima volta con il D.lgs. n. 56/2000.[82]

L'attuale testo definivo della legge delega scioglie alcuni dubbi che erano sorti precedentemente, ma ne provoca altri.

---

[80] E. JORIO, *La perequazione nel d.d.l. delega di attuazione del federalismo fiscale licenziato dal Governo il 3 agosto 2007*, in *www.federalismi.it*, n. 18/2007.

[81] F. COVINO, *La perequazione finanziaria nella Costituzione*, Napoli, 2008.

[82] A. ANARCHI G. LIBERATI, *Responsabilizzazione dei governi regionali e perequazione fiscale*, in *Quaderni di Italianieuropei*, 1/2009.

La legge delega fa riferimento, come abbiamo avuto modo di vedere anche precedentemente, a due diverse forme perequative.

La prima forma di perequazione è quella destinata a tutti i livelli di governo non statale al fine di garantire la copertura dei bisogni *standard* ritenuti fondamentali (art. 117 secondo comma lettere *m*) e *p*) Cost.).

L'altra forma è indirizzata a garantire le residuali "altre funzioni", i servizi diversi da quelli rientrati fra i compiti fondamentali dell'ente locale, ma che comunque è necessaria per un corretto svolgimento delle proprie funzioni.

Tale previsione sembrerebbe non essere in linea con l'art. 119 quarto comma della Cost., in quanto prevede risorse ordinarie con l'obiettivo "di finanziarie integralmente le funzioni pubbliche" di competenza dei Comuni Città metropolitane, Province e Regioni.

La perequazione predisposta dalla legge delega[83] ha l'obiettivo di coprire integralmente i bisogni che fanno capo ai settori della sanità, dell'assistenza sociale, all'istruzione e alle funzioni fondamentali attribuite alla pubblica Amministrazione locale.[84]

---

[83] Il provvedimento attuativo è il D.lgs. n. 88/2011 per quanto riguarda la rimozione degli squilibri economici e sociali, si veda *infra* § 4.

[84] Queste funzioni vengono sostenute anche da due ulteriori fondi previsti dalla legge delega all'art. 13, il quale prevede l'istituzione "di due fondi, uno a favore dei comuni, l'altro a favore delle province e delle città metropolitane, alimentati da un fondo perequativo dello Stato alimentato dalla fiscalità generale con indicazione separata degli stanziamenti per le diverse tipologie di enti, a titolo di concorso per il

Con il D.lgs. n° 88/2011 riguardante le "Disposizioni in materia di risorse aggiuntive ed interventi speciali per la rimozione di squilibri economici e sociali, a norma dell'articolo 16 della legge 5 maggio 2009, n. 42" vengono individuate le misure per la promozione e lo sviluppo economico, con particolare attenzione alla coesione economica, sociale e territoriale (si veda *infra* § 4).

3.5 La previsione di un unico sistema di contabilità e di controllo pubblico

L'armonizzazione dei bilanci delle Regioni e degli enti locali è indispensabile per la predisposizione di dati contabili omogenei e facilmente comparabili per il consolidamento dei conti delle varie pubbliche amministrazioni.

In questo senso tutti gli enti pubblici, ed i loro enti strumentali, devono adottare le procedure ed i sistemi applicati in ambito europeo.

Trattandosi di un'operazione complessa e in via sperimentale, l'art. 36 del D.lgs. 23 giugno 2011, n. 118 ha previsto un limite di due anni,[85] terminato

---

finanziamento delle funzioni da loro svolte."

[85] L'art. 36 stabilisce che "Al fine di verificare l'effettiva rispondenza del nuovo assetto contabile definito dal presente decreto alle esigenze conoscitive della finanza pubblica e per individuare eventuali criticità del sistema e le conseguenti modifiche intese a realizzare una più efficace disciplina della materia, a decorrere dal 2012 è avviata una sperimentazione, della durata di due esercizi finanziari, riguardante l'attuazione delle disposizioni di cui al titolo I, con particolare riguardo all'adozione del bilancio di previsione finanziario annuale di

tale termine saranno precisate le regole contabili che entreranno a regime nel 2014.

In questo biennio le regole sperimentali verranno disciplinate con apposito D.p.c.m., previo parere della Commissione parlamentare per l'attuazione del federalismo fiscale e delle Commissioni bilancio di Camera e Senato.

Gli strumenti presi in considerazione sono: 1) impiego di un piano integrato dei conti che consenta il controllo e la comparabilità dei conti con il sistema europeo dei conti nazionali;[86] 2) previsione di un elemento di costruzione dei conti costituito dalla "transazione elementare" per ogni atto gestionale;   3) definizione degli obiettivi del sistema di bilancio degli enti territoriali locali e regionali con la funzione di dare informazioni ai soggetti interessati alle decisioni di natura politica e finanziaria, programmazione e gestione; 4) predisposizione del bilancio in obiettivi strategici e programmi che tengano conto del bilancio dello Stato. In questo modo si mette in evidenza la finalità di spesa e si garantisce una maggiore trasparenza delle decisioni per l'allocazione delle risorse; 5) applicazione del bilancio per missioni e programmi anche per gli enti strumentali di Regioni ed enti

---

competenza e di cassa, e della classificazione per missioni e programmi di cui all'articolo 33."

[86] Il piano è composto dall'elenco delle articolazioni delle unità elementari sia del bilancio gestionale sia dei conti economico patrimoniali. Per rendere più semplice il confronto delle grandezze di finanza pubblica rispetto al consuntivo, le amministrazioni devono allegare al bilancio un documento conoscitivo concernente le previsioni relative alle voci aggregate corrispondenti a quelle riportate nel piano preso in considerazione.

locali, in tal modo si riesce a predisporre il bilancio consolidato con quelli delle altre amministrazioni; 6) predisposizione obbligatoria per gli enti locali e per le Regioni di bilanci consolidati con i propri enti strumentali, aziende e società controllate, per dare la possibilità di valutare l'intera struttura attraverso un bilancio che riassuma tutti i costi sostenuti per le funzioni di competenza dell'ente.

4. I decreti attuativi della legge delega

Gli otto decreti attuativi della legge delega al Governo n. 42/2009 in materia di federalismo fiscale, in attuazione dell'art. 119 della Costituzione sono[87] il D.lgs. n. 85 del 28 maggio 2010 (G.U.R.I. n. 134 dell'11 giugno 2010); D.lgs. n. 156 del 17 settembre 2010 (G.U.R.I. n. 219 del 18 settembre 2010); D.lgs. n. 216 del 26 novembre 2010 (G.U.R.I. n. 294 del 17 dicembre 2010); D.lgs. n. 23 del 14 marzo 2011 (G.U.R.I. n. 67 del 23 marzo 2011); D.lgs. n. 68 del 6 maggio 2011 (G.U.R.I. n. 109 del 12 maggio 2011); D.lgs. n. 88 del 31 maggio 2011 (G.U.R.I n. 143 del 22 giugno 2011); D.lgs. n. 118 del 23 giugno 2011 (G.U.R.I. n. 172 del 26 luglio 2011); D.lgs. n. 149 del 6 settembre 2011 (G.U.R.I. n. 219 del 20 settembre 2011).

Il D.lgs. n. 85/2010 attribuisce competenze a Comuni, Province, Città Metropolitane e Regioni un proprio patrimonio per l'attuazione dell'art. 119

---

[87] Per un maggiore approfondimento sul tema dei decreti legislativi di attuazione della legge delega 42/2009 si veda: G. CAMPANELLI (a cura di), *Quali prospettive per il federalismo fiscale? L'attuazione della legge delega tra analisi del procedimento e valutazione dei contenuti*, Milano, 2012.

Cost. Si tratta del primo intervento di attuazione della legge delega ed è composto da nove articoli, i quali individuano: A) i criteri di attribuzione del patrimonio; B) quali beni possono essere trasferiti; C) le finalità dell'ente con la gestione del patrimonio attribuito.

Per quanto riguarda il primo punto i criteri adottati per l'attribuzione dei beni agli enti territoriali sono quelli della sussidiarietà, territorialità, semplificazione, capacità finanziaria, adeguatezza e valorizzazione ambientale. Gli enti dissestati non possono alienare beni fin quando è in atto tale stato di difficoltà (art. 2 primo comma).

Con il trasferimento di tali beni, l'ente territoriale ne dovrà disporre nell'interessa della collettività che rappresenta, valorizzandone l'adeguato uso a vantaggio diretto e indiretto dei cittadini. A tal fine l'ente dovrà garantire la massima trasparenza informativa riguardo alla valorizzazione, attivando se necessario forme dirette di consultazione popolare, anche di tipo innovativo come quelle telematiche, nel rispetto del proprio Statuto (art. 2 quarto comma).

In riferimento al secondo punto, invece, i beni attribuiti a Regioni ed enti locali sono quelli del demanio marittimo, idrico, aeroporti di interesse regionale, miniere e altri beni immobili statali e mobili di pertinenza dei primi (art. 5).

L'obiettivo del trasferimento dei beni demaniali dallo Stato agli enti territoriali, infine, ha lo scopo di migliorarne la gestione. Le amministrazioni regionali per valorizzare al massimo i beni loro attribuiti possono convocare conferenze di servizi coordinate dal presidente della

Giunta regionale e consultando anche le amministrazioni locali (art. 8). I risultati di tali consultazioni vengono trasmesse al ministero dell'Economia per una migliore elaborazione al fine di predisporre un piano attuativo delle proposte (art. 8).

Il secondo decreto di attuazione della legge delega è il D.lgs. n. 156/2010, riguardante "Disposizioni recanti attuazione dell'art. 24 della legge 5 maggio 2009, n. 42, in materia di ordinamento transitorio di Roma capitale."

La legge delega assegna a Roma Capitale ulteriori funzioni amministrative rispetto al Comune di Roma. Si tratta di un decreto formato da sette articoli riguardanti gli organi di governo di Roma Capitale: Assemblea capitolina, Giunta capitolina e Sindaco.

L'Assemblea capitolina è l'organo di indirizzo e di controllo politico-amministrativo (art. 3). Fanno parte dell'Assemblea il Sindaco di Roma Capitale e quarantotto consiglieri. Competenze dell'assemblea sono: emanazione di regolamenti per l'esercizio delle ulteriori funzioni attribuite; approvazione dello Statuto il quale "disciplina, nei limiti stabiliti dalla legge, i municipi di Roma Capitale, quali circoscrizioni di decentramento, in numero non superiore a quindici, favorendone l'autonomia amministrativa e finanziaria." (art. 3 quinto comma).

"Lo statuto prevede strumenti di partecipazione e consultazione, anche permanenti, al fine di promuovere il confronto tra l'amministrazione di Roma Capitale e i cittadini." (art. 3 ultimo comma).

Il Sindaco di Roma Capitale è responsabile dell'amministrazione ed opera come rappresentante della comunità locale e come rappresentante del Governo. (art. 4 primo comma). Può essere convocato nelle riunioni del Consiglio dei Ministri per essere udito nel cui ordine del giorno si discute di argomenti riguardanti Roma Capitale. Il Sindaco può, al fine di garantire una regolare amministrazione, chiedere l'urgenza di voto da parte dell'Assemblea per alcune delibere (art. 4 ultimo comma).

La Giunta capitolina, infine, è l'organo esecutivo ed è composta dal Sindaco e da "assessori pari ad un quarto dei Consiglieri dell'Assemblea capitolina assegnati" (art. 4 terzo comma). Nel caso in cui venga nominato un assessore che è consigliere, non è più soggetto a decadimento, ma alla sospensione. È l'organo con competenza residuale, avendo attribuiti tutti quelli non rientranti fra quelli del Sindaco o dell'Assemblea Capitolina (art. 4 sesto comma). Tutti gli organi di governo di Roma Capitale il loro *status* è regolamentato dall'art. 5.

Per quanto riguarda, invece, le disposizioni in materia di determinazione dei costi e dei fabbisogni *standard* di Comuni, Città metropolitane e Province, è stato emanato il D.lgs. n. 216/2010. Con questo strumento si è disciplinata la determinazione del fabbisogno *standard* degli enti di riferimento, con lo scopo di garantire un graduale e definitivo superamento del precedente criterio, il quale era basato sulla spesa storica.

La determinazione del costo *standard* è effettuata con l'applicazione di alcuni parametri:

coordinamento delle informazioni acquisite sia da banche dati ufficiali sia tramite la predisposizione di questionari; individuazione di modelli di organizzazione e dei livelli quantitativi di prestazione, individuati facendo riferimento a ciascuna funzione fondamentale dei servizi offerti; analisi dei costi; individuazione di un modello per il fabbisogno *standard* che sia adottato con criteri di rappresentatività con l'uso di tecniche statistiche; la definizione, infine, di indicatori che permettano di valutare se un certo servizio è adeguato e che permetta all'Ente di migliorarlo.

Il quarto decreto di attuazione della legge delega è il n. 23/2011 recante disposizioni in materia di federalismo Fiscale Municipale.[88] Questo provvedimento legislativo riguarda il c.d. federalismo municipale, contiene norme di attribuzione dell'autonomia di imposizione tributaria per i Comuni.

---

[88] La Regione siciliana ha promosso la questione di legittimità costituzionale in riferimento agli artt. 2 e 14 secondo comma di tale decreto legislativo. I due articoli, si legge nel ricorso presentato, sottraggono "alla Regione cespiti di spettanza regionale" (commi I,II,III e IV). La Corte ha deciso nel merito che la "La questione non è fondata, perché, pur non potendosi negare la spettanza alla Regione siciliana del gettito degli indicati tributi riscossi nel suo territorio e, quindi, la potenziale sussistenza del denunciato contrasto, deve ritenersi che proprio questo contrasto rende operante la clausola di "salvaguardia" degli statuti speciali contenuta nel parimenti censurato comma 2 dell'art. 14 del d.lgs. n. 23 del 2011, secondo cui il decreto «si applica nei confronti delle regioni a statuto speciale» solo «nel rispetto dei rispettivi statuti». Ne consegue l'inapplicabilità alla Regione ricorrente dei censurati commi dell'art. 2, in quanto "non rispettosi" dello statuto d'autonomia." Corte Cost. sentenza n. 64 del 28 marzo 2012.

Nel dettaglio il decreto prevede che i prossimi decreti di attuazione dell'autonomia dei tributi regionali, vengano coordinate con questo provvedimento.

È stata stabilita la devoluzione ai Comuni del gettito, o quote di esso, che provengano da tributi relativi ad immobili ricadenti nel proprio ambito territoriale.[89]

Per la realizzazione di una forma progressiva e equilibrata è stato istituito il fondo sperimentale di riequilibrio (art. 2 terzo comma). Il fondo avrà una durata di tre anni, ma sarà comunque prorogato fino a quando non verrà attivato il fondo perequativo.

Il decreto istituisce la "cedolare secca" sugli affitti, un regime impositivo alternativo e facoltativo in relazioni a quelle già esistenti. La cedolare sostituisce il gettito derivante dall'Irpef e dalle relative addizionali, le imposte di registro e di bollo sul contratto di locazione, nonché quelle sulle proroghe e sulle risoluzioni dei contratti stessi (art. 3 secondo comma).[90]

Viene istituita con tale decreto legislativo l'imposta di soggiorno, da applicarsi nei Comuni che abbiano un particolare pregio artistico o culturale. Il gettito di tale imposta andrà a finanziare opere per il

---

[89] L'art. 2 del D.lgs. n. 23/2011 stabilisce che le quote spettanti ai Comuni siano del 30% da percepire sulla base dei seguenti tributi: 1) imposta di registro e di bollo; 2) tributi speciali catastali; 3) tasse ipotecarie; 4) imposte ipotecarie e catastali.

[90] Per garantire un gettito almeno pari ai trasferimenti soppressi, il regime della cedolare secca prevede che la relativa quota sia del 21,6% per l'anno 2012, fatta salva la possibilità di una modifica nel caso ciò si rendesse necessario.

potenziamento di interventi a favore dello sviluppo del turismo.

Il quinto D.lgs. n. 68/2011 riguarda le disposizioni in materia di autonomia di entrata delle Regioni a statuto ordinario e delle province, nonché di determinazione dei costi e dei fabbisogni *standard* nel settore sanitario. Questo provvedimento rappresenta il punto nodale dell'intera riforma federalista, oltre al D.lgs. n. 23/2011 sul federalismo municipale.

È strutturato in sei Capi, il primo relativo all'autonomia di entrata delle Regioni a statuto ordinario; il secondo riguarda l'autonomia di entrata delle province; il successivo fa riferimento alla perequazione ai sensi dell'articolo 13 della legge n. 42 del 2009 e sistema finanziario delle città metropolitane nelle Regioni a statuto ordinario; il quarto Capo stabilisce i criteri di determinazione dei costi e fabbisogni *standard* nel settore sanitario; il quinto Capo, in attuazione dell'articolo 5 della legge delega, istituisce la Conferenza permanente per il coordinamento della finanza pubblica; il sesto Capo, infine, detta le disposizioni finali.

Il sesto decreto legislativo attuativo è il n. 88/2011 e concerne le "Disposizioni in materia di risorse aggiuntive ed interventi speciali per la rimozione di squilibri economici e sociali, a norma dell'articolo 16 della legge 5 maggio 2009, n. 42."

Questo decreto è strutturato in otto articoli e individua le misure per la promozione e lo sviluppo economico, con particolare attenzione alla coesione economica, sociale e territoriale.

Il decreto persegue anche la rimozione di eventuali asimmetrie economiche e sociali che dovessero verificarsi, attraverso la perequazione strutturale (in armonia con l'art. 119 Cost. quinto comma) e l'integrazione di un sistema di risorse aggiuntive e di interventi speciali con le politiche di coesione dell'Unione europea.

I criteri di riequilibrio che ispirano il provvedimento sono la leale collaborazione istituzionale tra Stato, Regioni ed Enti locali e coinvolgimento del partenariato economico-sociale, tenuto conto delle specifiche situazioni socio-economiche delle realtà territoriali; impiego delle risorse secondo il metodo della programmazione pluriennale, considerando le priorità programmatiche definite in sede europea; ulteriori risorse, che integrano, e non sostituiscono, le ordinarie; programmazione e realizzazione degli interventi per assicurare qualità, tempestività e concreto conseguimento dei risultati, attuando nei confronti di tutti gli Enti pubblici le necessarie attività di monitoraggio e controllo delle iniziative, mediante il condizionamento dei finanziamenti a innovazioni istituzionali, la costruzione di un sistema di indicatori di risultato, il ricorso sistematico alla valutazione degli impatti e la previsione di premi e sanzioni (cfr. art. 2).

Il D.lgs. n. 118/2011 recante le "Disposizioni in materia di armonizzazione dei sistemi contabili e degli schemi di bilancio delle Regioni, degli enti locali e dei loro organismi, a norma degli articoli 1 e 2 della legge 5 maggio 2009, n° 42" ha l'obiettivo di uniformare e rendere confrontabili i bilanci degli enti territoriali. Ciò al fine di consolidare i conti delle varie Pubbliche amministrazioni e renderli comparabili attraverso criteri omogenei.[91]

L'ultimo provvedimento in ordine di tempo di attuazione della legge delega n. 42/2009 è il D.lgs. n. 149/2011, il quale riguarda i "Meccanismi sanzionatori e premiali relativi a regioni, province e comuni, a norma degli articoli 2, 17 e 26 della legge 5 maggio 2009, n. 42."

Con questo provvedimento viene introdotta la disciplina premiale e sanzionatoria per responsabilizzare gli Enti locali e le Regioni, assicurando l'effettività e la trasparenza degli atti.

Il decreto è strutturato in tre Capi: I) meccanismi sanzionatori; II) meccanismi premiali; III) disposizioni finali.

5. Il federalismo negli altri ordinamenti: Spagna e Germania

Appare opportuno, nel quadro del discorso relativo al federalismo fiscale, fare riferimento a modelli di decentramento politico di altri ordinamenti.

In particolar modo verrà affrontato l'ordinamento tedesco e quello spagnolo, alla luce del dibattito dottrinale e giurisprudenziale in atto in questi ordinamenti giuridici.

---

[91] Il D.lgs. n. 118/2011 va coordinato con il D.lgs. n. 91/2011, il quale predispone le norme per l'adeguamento e armonizzazione dei sistemi contabili delle varie Pubbliche amministrazioni.

Facendo riferimento alla situazione in Germania[92] è osservabile come, diversamente da ciò che accade nel nostro ordinamento con le scarne previsioni dell'art. 117 comma terzo e dell'art. 119 Cost., la competenza normativa concorrente sia riconosciuta ai *länder*, così come previsto dall'art. 74 *LFB*,[93] anche per quanto riguarda la materia dei

---

[92] Per uno studio più dettagliato sulla Germania si veda V. BALDINI, *Autonomia costituzionale dei Laender, principio di omogeneità e prevalenza del diritto federale*, in AA.VV (a cura di M. SCUDIERO), *Il diritto costituzionale comune europeo. Principi e diritti fondamentali*, Napoli, 2002.

[93] L'art. 74 della Legge Fondamentale tedesca stabilisce che la competenza in materia di "legislazione concorrente si estende ai seguenti settori:

1) il diritto civile, il diritto e l'esecuzione penale, l'ordinamento giudiziario e la procedura, l'avvocatura, il notariato e la consulenza legale;

2) lo stato civile;

3) il diritto di riunione e di associazione;

4) il diritto di soggiorno e di residenza degli stranieri;

4-a) la disciplina in materia di armi ed esplosivi;

5) la protezione del patrimonio culturale tedesco da ogni trasferimento all'estero;

6) i problemi relativi ai profughi e agli espulsi;

7) l'assistenza pubblica;

8) la cittadinanza nei *Länder*;

9) i danni di guerra e il risarcimento;

10) L'assistenza per gli invalidi di guerra e per le. famiglie dei caduti, l'assistenza per i prigionieri di guerra;

10-a) le tombe dei caduti in guerra e le tombe .delle altre vittime della guerra e delle vittime della tirannia;

11) la legislazione economica (miniere, industria, energia, artigianato, mestieri, commercio, banche, borsa, assicurazioni di diritto privato);

11-a) la produzione e l'utilizzazione dell'energia nucleare a scopi di pace, l'istituzione e la gestione di enti che servono a questi scopi, la difesa da pericoli che sorgono nello sprigionamento dell'energia atomica o mediante i raggi ionizzanti, e la rimozione di materiale radioattivo;

12) il diritto del lavoro, compreso l'ordinamento dell'impresa, la protezione del lavoro, il collocamento dei lavoratori, così come le assicurazioni sociali e le assicurazioni contro la disoccupazione;

13) la disciplina dei contributi per l'istruzione e la promozione della ricerca scientifica;

14) la legislazione relativa all'espropriazione nel caso riguardi le materie indicate negli artt. 73 e 74;

15) il trasferimento delle proprietà terriere, delle ricchezze naturali, e dei mezzi di produzione in proprietà collettiva o in altre forme di economia collettiva;

16) la prevenzione degli abusi da parte di gruppi di potere economico;

17) il promovimento della produzione agricola e forestale, la garanzia dei rifornimenti alimentari, l'importazione e l'esportazione di prodotti agricoli e forestali, la pesca d'alto mare e costiera e la protezione delle coste;

18) i trasferimenti immobiliari, la legislazione concernente la terra e gli affitti agrari, le abitazioni, le migrazioni e i luoghi d'insediamento;

19) le misure contro le malattie dell'uomo e degli animali, infettive e pericolose per la collettività, l'autorizzazione all'esercizio della professione medica e di altre professioni sanitarie, e all'esercizio dei mestieri sanitari, il commercio di medicinali, farmaci, narcotici e veleni;

19-a) la garanzia economica degli ospedali e la disciplina delle tariffe ospedaliere;

20) la protezione del traffico di generi alimentari e voluttuari, di oggetti di prima necessità, di foraggi, di piante e semi agricoli e forestali, così come la protezione degli alberi e delle piante contro le malattie e i parassiti; e così pure la protezione degli animali.

21) la navigazione d'alto mare e costiera, i segnali marittimi, la navigazione interna, il servizio meteorologico, i canali marittimi e i canali interni adibiti al traffico comune;

22) il traffico stradale, gli autoveicoli, la costruzione e la manutenzione delle strade nazionali di grande comunicazione, così come l'istituzione e la decisione dei pedaggi per l'uso di strade pubbliche coi veicoli;

23) le ferrovie secondarie, che non sono ferrovie federali,

elenco di competenze, sono ben ventisei, in cui c'è una concorrenza tra lo Stato centrale federale e i *länder*.[94] Tale elenco di competenze concorrenti, bisogna osservare, attribuisce il potere ai *länder* di legiferare solo quando e nella misura in cui lo Stato federale non abbia fatto uso delle sue prerogative nella materia in oggetto.[95]

L'ordinamento federale tedesco garantisce ed assicura nella sua Legge fondamentale la priorità del diritto federale sul diritto dei *länder*;[96] garantisce l'equiparazione civica di tutti i cittadini;[97] la Legge

---

ad eccezione delle ferrovie di montagna;

24) la rimozione dei rifiuti, la lotta all'inquinamento dell'atmosfera e la lotta ai rumori."

[94] Fra gli ambiti concorrenti previsti dalla Costituzione tedesca ricordiamo, per la loro maggiore importanza e caratterizzazione di uno Stato federale: il diritto civile; il diritto e l'esecuzione penale; l'ordinamento giudiziario e la procedura; lo stato civile; il diritto di associazione e di riunione; il diritto di soggiorno e di residenza degli stranieri; il diritto del lavoro e l'ordinamento dell'impresa; la protezione del lavoro; il collocamento dei lavoratori; le assicurazioni sociali e contro la disoccupazione.

[95] L'articolo 72 della Costituzione federale, infatti, stabilisce al primo comma "Nell'ambito della legislazione concorrente, i *Länder* hanno competenza legislativa solo quando e nella misura in cui il *Bund* non faccia uso del suo diritto di legiferare."

[96] L'articolo 31 della Costituzione tedesca stabilisce che "Il diritto federale prevale sul diritto del Land."

[97] Tali diritti sono garantiti dall'articolo 33 della Legge fondamentale tedesca, che stabilisce: "Ogni tedesco ha, in qualsiasi Land, gli stessi diritti e doveri civici.

Ogni tedesco ha, secondo le proprie qualità, attitudini e specializzazione, parità di accesso ad ogni pubblico ufficio.

Il godimento dei diritti civili e politici, l'ammissione ai pubblici uffici, così come i diritti acquisiti durante il pubblico impiego sono indipendenti dalla confessione religiosa. A nessuno

fondamentale assicura l'intervento dello Stato federale nei casi in cui sia necessaria, al fine di assicurare uniformità giuridica ed economica nell'interesse complessivo dell'ordinamento, una disciplina federale e non frammentata.[98]

I richiami a tali disposizioni contenute nella Costituzione federale tedesca evidenziano una diversità ed incomparabilità strutturale fra l'ordinamento federale e lo Stato unitaria articolato su base regionale. Un punto di incontro fondamentale è, tuttavia, il primato della Legge fondamentale: l'ordinamento federale riconosce competenze separate fra *Bund* e *Länder*, ma anche qui troviamo, come nello Stato unitario, la prevalenza della legge federale sulle leggi degli Stati membri.

Un'analisi comparativa sulla forma di Stato federale non può prescindere dal riconoscimento dei diritti civili e sociali, all'eguaglianza sostanziale fra tutti i cittadini.

---

può derivare un danno dalla sua appartenenza o non appartenenza ad una confessione o ad una ideologia.

L'esercizio delle competenze statali deve essere normalmente affidato, come compito permanente, agli appartenenti al pubblico impiego, che si trovano in un rapporto di servizio e di fedeltà di diritto pubblico

Le norme relative al pubblico impiego devono essere formulate tenendo conto dei principi tradizionali della categoria dei pubblici funzionari."

[98] Articolo 72, comma secondo *LFB* la federazione ha "[...] il diritto di legiferare quando e nella misura in cui la realizzazione di equivalenti condizioni di vita nel territorio federale o la tutela dell'unità giuridica o economica nell'interessa dello Stato nel suo complesso, rendano necessaria una disciplina legislativa federale. "

L'eguaglianza fra i cittadini può anche convivere, come nel caso dell'ordinamento su base regionale italiano, con forme di asimmetrie e differenziazioni di competenze distribuite nel territorio, fatti salvi naturalmente i principi e le norme costituzionali relativi alla protezione dei diritti fondamentali. Tali disposizioni, infatti, sfuggono alla discrezionalità del legislatore ordinario e contingente, sia esso statale sia esso regionale.

Ci sono materie, tuttavia, che rimangono nell'ambito della competenza statale per esigenze di uniformità, così come negli Stati federali e in quello tedesco in particolare prima esaminato.[99]

Se fosse messa in discussione l'applicazione uniforme in tutto l'ordinamento giuridico complessivamente considerato, si rischierebbe che dei provvedimenti positivi possano

---

[99] Una sentenza della Corte costituzionale di notevole rilievo, in tema di competenze ripartite fra Stato e Regioni ed eguaglianza sostanziale fra i cittadini, è la n. 109/1993. Tali questioni sono affrontate dalla Corte costituzionale evidenziando come l'esercizio del potere dello Stato centrale di concedere agevolazioni alle imprese a conduzione prevalentemente femminile è giustificata dalla "necessità di assicurare condizioni di uniformità su tutto il territorio nazionale" per l'applicazione concreta del valore costituzionale dell'eguaglianza effettiva, prevista dall'art. 3 seconda comma della Costituzione, fra uomini e donne nell'ambito dell'imprenditoria. Proprio perché si tratta di misure dirette al superamento di discriminazioni fra soggetti, esse "[...] comportano l'adozione di discipline giuridiche differenziate a favore delle categorie sociali svantaggiate, anche in deroga al generale principio di parità formale di trattamento, stabilito dall'art. 3 Cost." Queste differenze necessitano che "[...] la loro attuazione non possa subire difformità o deroghe in relazione alle diverse aree geografiche e politiche del Paese."

trasformarsi in elementi negativi di disparità di trattamento che il nostro impianto costituzionale non potrebbe tollerare. Sotto questo aspetto l'indirizzo costante della giurisprudenza è che ogni qual volta ci siano degli interessi o diritti fondamentali da tutelare, la competenza regionale venga esclusa a priori, al fine di non discriminare nessun soggetto.[100]

Analoghi problemi si possono individuare anche per quanto riguarda il cd federalismo fiscale, così come previsto dal riformato Titolo V della Costituzione, nel caso in cui si dovessero presentare situazioni di disuguaglianza dovuti al differente accesso ai servizi essenziali e prestazioni relative al godimento di diritti civili e sociali.[101]

Nell'ambito del dibattito della riforma degli statuti delle autonomie territoriali e del

---

[100] In questo senso si veda la sentenza della Corte costituzionale n. 40/1993. Grazie a questa importante sentenza è possibile individuare chi sia il garante dell'effettività e del rispetto dei diritti sociali.

[101] La Corte costituzionale, come si è già avuto modo di dire, ha posto come limite invalicabile per gli statuti regionali, sia ordinari sia speciali, il limite dell'armonia con la Costituzione. La Corte costituzionale nega la competenza alle fonti regionali degli ambiti riservati alla Costituzione "anche se materialmente inserite in un atto fonte (statuto regionale), non può essere riconosciuta alcuna efficacia giuridica (a tali norme programmatiche), in quanto si collocano alla stregua dei convincimenti espressi delle diverse sensibilità politiche presenti nella comunità regionale al momento dell'approvazione dello Statuto [...] tali proclamazioni di obiettivi e di impegni non possono certo essere assimilate alle c.d. norme programmatiche della Costituzione, alle quali, per il loro valore di principio, sono state generalmente riconosciuti non solo un valore programmatico nei confronti della futura disciplina legislativa, ma soprattutto una funzione di integrazione e di interpretazione di norme vigenti." Corte cost., sentenza n. 378/2004.

riconoscimento costituzionale della disciplina dei diritti, in Spagna[102] l'approccio della dottrina costituzionale è stato diverso.

Il c.d. federalismo fiscale nella Costituzione spagnola del 1978[103] è contenuto negli articoli 156, 157 e 158[104] ed è strutturato, fondamentalmente, su

---

[102] Per uno studio diffuso sull'ordinamento giuridico spagnolo, comparato con quello italiano, si veda R.L. BLANCO VALDES, *La seconda decentralizzazione spagnola: fra riforma confederale e Stato possibile*, in S. GAMBINO (a cura di), *Regionalismi e Statuti. Le riforme in Spagna e in Italia*, Milano, 2008.

[103] Per una visione generale comparata con quella del nostro ordinamento si veda F. PUZZO, *Il federalismo* cit.

[104] Di seguito vengono riportati i tre articoli della Costituzione spagnola inerenti il federalismo fiscale.

Articolo 156 "Le Comunità Autonome godranno di autonomia finanziaria per lo sviluppo e l'esecuzione delle loro competenze con riguardo ai principi di coordinamento con la finanza statale e di solidarietà fra tutti gli spagnoli.

Le Comunità Autonome potranno agire come delegate o collaboratrici dello Stato per la esazione, la gestione e la liquidazione delle entrate tributarie di questo, in conformità con le leggi e gli Statuti."

Articolo 157 "Le entrate delle Comunità Autonome saranno costituite da:

a) imposte cedute totalmente o parzialmente dallo Stato, addizionali

su imposte statali e altre partecipazioni nelle entrate statali;

b) proprie imposte, tasse e contributi speciali;

c) contributi di un fondo di compensazione interterritoriale e altre

assegnazioni a carico del Bilancio generale dello Stato;

d) rendite derivanti dal loro patrimonio e entrate di diritto privato;

e) proventi di operazioni di credito.

Le Comunità Autonome in nessun caso potranno adottare misure fiscali relative a beni situati fuori del loro territorio o che comportino ostacolo alla libera circolazione di merci e servizi.

tre principi portanti: uguaglianza, solidarietà interregionale e coordinamento con la finanza dello Stato.

Anche in Spagna, come in Italia con la riforma del Titolo V della Costituzione, il legislatore costituzionale ha rinviato a quello ordinario per la previsione di dettaglio e l'implementazione delle autonomie.[105]

La comparazione fra l'ordinamento italiano e quello spagnolo, sotto l'aspetto del federalismo fiscale, è molto attinente, soprattutto per quanto riguarda la disciplina del "Fondo di Compensazione Interregionale" previsto dal secondo comma dell'articolo 158 della Costituzione spagnola, mentre per quanto riguarda il nostro ordinamento è l'articolo 119, terzo comma, della Costituzione a prevedere che "la legge dello Stato istituisce un

---

Con legge organica potranno disciplinarsi l'esercizio delle competenze finanziarie enumerate nel precedente comma 1, le norme per la risoluzione dei conflitti che possano prodursi, nonché le possibili forme di collaborazione finanziaria fra le Comunità Autonome e lo Stato."

Articolo 158 "Nel Bilancio Generale di previsione statale potrà stabilirsi un'assegnazione a favore delle Comunità Autonome in funzione dei servizi e attività statali che abbiano assunto e della garanzia di un livello minimo nella prestazione dei servizi pubblici essenziali in tutto il territorio spagnolo.

Al fine di correggere gli squilibri economici interterritoriali e rendere effettivo il principio di solidarietà, sarà istituito un Fondo di Compensazione destinato a spese di investimento le cui risorse verranno distribuite dalle *Cortes* Generali fra le Comunità Autonome e, se del caso, le province.

[105] Come nel nostro ordinamento, anche in Spagna le disposizioni attuative hanno tardato ad essere approvate. La legge ordinaria di riferimento è la "Legge Organica sul Finanziamento delle CCAA, n° 8/1980."

fondo perequativo, senza vincoli di destinazione, per i territori con minore capacità fiscale per abitante."

Entrambe le esperienze giuridiche si rifanno alla legge ordinaria per il riparto delle risorse del fondo perequativo, su base, quindi, negoziale e politica.

CAPITOLO III

L'AUTONOMIA FINANZIARIA
DELLA REGIONE SICILIANA

SOMMARIO: 1. Le Regioni a Statuto speciale nella legge delega – 2. Poteri di intervento tributario – 3. Agevolazioni fiscali – 4. Perequazione – 5. Le ipotesi di modifica degli artt. 36, 37 e 38 dello Statuto della Regione siciliana.

1. Le Regioni a Statuto speciale nella legge delega

L'articolo 27 della legge delega n. 42 del 5 maggio 2009, riguarda il "Coordinamento della finanza delle Regioni a statuto speciale e delle province autonome" e si pone (Capo IX) "obiettivi di perequazione e di solidarietà per le Regioni a Statuto speciale e per le province autonome di Trento e Bolzano."

Attraverso questo articolo è possibile individuare gli obiettivi perequativi e di solidarietà che le Regioni a statuto speciale e le province autonome in genere devono porsi.

Con questa disposizione si introduce una notevole novità, in quanto sino alla sua introduzione non era prevista nessuna forma di partecipazione a meccanismi di perequazione per le Regioni a Statuto differenziato, così come invece previsto per quelle ordinarie.

"Le Regioni a statuto speciale e le province autonome di Trento e di Bolzano, nel rispetto degli statuti speciali, concorrono al conseguimento degli obiettivi di perequazione e di solidarietà ed all'esercizio dei diritti e doveri da essi derivanti, nonché al patto di stabilità interno e all'assolvimento degli obblighi posti dall'ordinamento comunitario, secondo criteri e modalità stabiliti da norme di attuazione dei rispettivi statuti" (art. 27 primo comma).

Il vincolo che emerge dal primo comma è il patto di stabilità e crescita interno, che nella sua versione originaria non era espressamente indicato dalla norma.[106]

Il secondo comma, strettamente collegato con il primo, stabilisce che "Le norme di attuazione

---

[106] Il patto di stabilità e crescita interno è inerente all'armonizzazione e al coordinamento delle economie degli Stati aderenti all'Unione europea.

Si tratta di parametri condivisi in ambito comunitario nel Trattato di Maastricht (Indebitamento netto della Pubblica Amministrazione/P.I.L. inferiore al 3% e rapporto Debito pubblico delle AA.PP./P.I.L. convergente verso il 60%).

In questo senso il contenimento dell'indebitamento degli Enti diversi dallo Stato risultano decisivi per il rispetto e la convergenza dei parametri indicati.

La formazione dello *stock* di debito da controllare partirebbe dal basso sino al vertice.

Il fine principale, in sostanza, è quello di controllare l'indebitamento netto degli enti territoriali. Sullo stretto rapporto fra Patto di stabilità e crescita e federalismo fiscale si veda L. MAZZILLO, *Federalismo fiscale e patto di stabilità*, Relazione al *Convegno Dal federalismo legislativo al federalismo fiscale*, Castello di Rivoli, 9 luglio 2004.

di cui al comma 1 tengono conto della dimensione della finanza delle predette regioni e province autonome rispetto alla finanza pubblica complessiva, delle funzioni da esse effettivamente esercitate e dei relativi oneri, anche in considerazione degli svantaggi strutturali permanenti, ove ricorrano, dei costi dell'insularità e dei livelli di reddito pro capite che caratterizzano i rispettivi territori o parte di essi, rispetto a quelli corrispondentemente sostenuti per le medesime funzioni dallo Stato, dal complesso delle regioni e, per le regioni e province autonome che esercitano le funzioni in materia di finanza locale, dagli enti locali. Le medesime norme di attuazione disciplinano altresì le specifiche modalità attraverso le quali lo Stato assicura il conseguimento degli obiettivi costituzionali di perequazione e di solidarietà per le regioni a statuto speciale i cui livelli di reddito pro capite siano inferiori alla media nazionale, ferma restando la copertura del fabbisogno standard per il finanziamento dei livelli essenziali delle prestazioni concernenti i diritti civili e sociali di cui all'articolo 117, secondo comma, lettera *m*), della Costituzione, conformemente a quanto previsto dall'articolo 8, comma 1, lettera *b*), della presente legge." Dimensione della finanza regionale, insularità, funzioni effettivamente trasferite, svantaggi strutturali e reddito *pro capite*, sono i parametri oggettivi che la disposizione in esame cerca di inserire attraverso i decreti attuativi.

La partecipazione delle Regioni a Statuto speciale alla perequazione può essere realizzata con una modalità peculiare prevista dal terzo comma dell'art. 27. Tali obiettivi, di solidarietà e perequazione, possono essere raggiunti "anche mediante l'assunzione di oneri derivanti dal trasferimento o dalla delega di funzioni statali alle medesime regioni a statuto speciale e province autonome ovvero da altre misure finalizzate al conseguimento di risparmi per il bilancio dello Stato, nonché con altre modalità stabilite dalle norme di attuazione degli statuti speciali." Tali norme, per la parte di competenza, disciplinano il coordinamento tra le leggi statali in materia di finanza pubblica e le corrispondenti leggi regionali e provinciali in materia, rispettivamente, di finanza regionale e provinciale, nonché di finanza locale nei casi in cui questa rientri nella competenza della regione a statuto speciale o provincia autonoma; definiscono i principi fondamentali di coordinamento del sistema tributario con riferimento alla potestà legislativa attribuita dai rispettivi statuti alle regioni a statuto speciale e alle province autonome in materia di tributi regionali, provinciali e locali; individuano, infine, forme di fiscalità di sviluppo, ai sensi dell'articolo 2, secondo comma, lettera *m*), e alle condizioni di cui all'articolo 16, comma 1, lettera *d*).

Il quarto comma stabilisce che "A fronte dell'assegnazione di ulteriori nuove funzioni alle regioni a statuto speciale ed alle province autonome di Trento e di Bolzano, così come alle regioni a statuto ordinario, nei casi diversi dal concorso al conseguimento degli obiettivi di perequazione e di solidarietà ai sensi del comma 2, rispettivamente le norme di attuazione e i decreti legislativi di cui all'articolo 2 definiranno le corrispondenti modalità di finanziamento aggiuntivo attraverso forme di compartecipazione a tributi erariali e alle accise, fatto salvo quanto previsto dalle leggi costituzionali in vigore." Con questa disposizione si avvicinano sensibilmente le Regioni a Statuto speciale con le ordinarie, in quanto ad ogni ulteriore funzione attribuita, che non rientri fra quelle di perequazione e solidarietà, viene previsto un trasferimento di risorse finanziarie simile a quello previsto per le Regioni a Statuto ordinario.

Al quinto comma viene richiamato il principio di leale collaborazione che deve esserci fra gli Enti, per il loro corretto funzionamento "Alle riunioni del Consiglio dei ministri per l'esame degli schemi concernenti le norme di attuazione di cui al presente articolo sono invitati a partecipare, in conformità ai rispettivi statuti, i Presidenti delle regioni e delle province autonome interessate."

Il penultimo comma riguarda la Commissione tecnica paritetica per l'attuazione del federalismo fiscale (art. 4) integrata da un tecnico della Regione o provincia interessata, la quale "svolge anche attività meramente ricognitiva delle disposizioni vigenti concernenti l'ordinamento finanziario delle regioni a statuto speciale e delle province autonome di Trento e di Bolzano e della relativa applicazione. Nell'esercizio di tale funzione la Commissione è integrata da un rappresentante tecnico della singola regione o provincia interessata."

Il settimo e ultimo comma dell'art. 27 della legge delega, riguarda la collaborazione che deve esserci fra Stato, Regioni e Province autonome attraverso la previsione di un tavolo di confronto, in seno alla Conferenza permanente "Al fine di assicurare il rispetto delle norme fondamentali della presente legge e dei principi che da essa derivano, nel rispetto delle peculiarità di ciascuna regione a statuto speciale e di ciascuna provincia autonoma, è istituito presso la Conferenza permanente per i rapporti tra lo Stato, le regioni e le province autonome di Trento e di Bolzano, in attuazione del principio di leale collaborazione, un tavolo di confronto tra il Governo e ciascuna regione a statuto speciale e ciascuna provincia autonoma, costituito dai Ministri per i rapporti con le regioni, per le riforme per il federalismo, per la semplificazione normativa, dell'economia e delle finanze e per le politiche europee nonché dai Presidenti delle regioni a statuto speciale e delle province autonome. Il tavolo individua linee guida, indirizzi e strumenti per assicurare il concorso delle regioni a statuto speciale e delle province autonome agli obiettivi di perequazione e di solidarietà e per valutare la congruità delle attribuzioni finanziarie ulteriori intervenute successivamente all'entrata in vigore degli statuti, verificandone la coerenza con i principi di cui alla presente legge e con i nuovi assetti della finanza pubblica. Con decreto del Presidente del Consiglio dei ministri, da adottare entro trenta giorni dalla data di entrata in vigore della presente legge, è assicurata l'organizzazione del tavolo."

Nei prossimi paragrafi sarà affrontato il tema peculiare della Regione siciliana, alla luce delle modifiche sia costituzionali, riforma del Titolo V della Costituzione, sia legislative, legge delega e decreti legislativi attuativi. Verrà affrontato, in modo particolare qual è il potere di intervento della Regione siciliana, quali sono i limiti all'introduzione delle agevolazioni fiscali e quali sono le azioni di intervento perequativo.

2. Poteri di intervento tributario

Il regime tributario e finanziario della Regione siciliana è tracciato dal Titolo V dello Statuto speciale[107] intitolato "Patrimonio e finanza" (artt. 32-41).

Ai fini dell'analisi devono essere presi in considerazione gli artt. 36, 37 e 38 dello Statuto, i quali riguardano le entrate proprie della Regione. Nel corso dell'analisi di queste norme non si potrà prescindere dai problemi di attuazione concreta di tali disposizioni, che negli anni hanno condotto a diverse sentenze e punti di vista dottrinali diametralmente opposti.[108]

La finanza regionale ha due distinte fonti su cui contare per fare fronte alle proprie esigenze: da una parte ha delle fonti autonome di finanziamento,

---

[107] Lo Statuto siciliano è stato approvato con R.D.lgs. 15 maggio 1946, n. 455 (pubblicato nella G.U. del Regno d'Italia n. 133-3 del 10 giugno 1946), convertito in legge costituzionale 26 febbraio 1948, n. 2 (pubblicata nella G.U.R.I. n. 58 del 9 marzo 1948), modificato dalle leggi costituzionali 23 febbraio 1972, n. 1 (pubblicata nella G.U.R.I. n. 63 del 7 marzo 1972), 12 aprile 1989, n. 3 (pubblicata nella G.U.R.I. n. 87 del 14 aprile 1989) e 31 gennaio 2001, n. 2 (pubblicata nella G.U.R.I. n. 26 dell'1 febbraio 2001). Per una visione complessiva si veda G. LAURICELLA – G. GUADALUPI, *Lo Statuto speciale della Regione siciliana*, Milano, 2010.
[108] In questo senso si veda, per tutti, A. BUSCEMA, *problemi di attuazione dello Statuto siciliano in materia finanziaria*, in *La finanza pubblica*, 1965.

mentre dall'altro versante può usare gli strumenti di perequazione (vedi *infra* § 4) finanziaria.

"Al fabbisogno finanziario della Regione si provvede con i redditi patrimoniali della Regione e a mezzo di tributi, deliberati dalla medesima." In questo modo l'art. 36 sancisce la potestà della Regione siciliana di autofinanziarsi attraverso A) redditi patrimoniali; B) tributi deliberati autonomamente.[109]

L'art. 36 continua al secondo comma stabilendo che "Sono riservate allo Stato le imposte di produzione e le entrate dei tabacchi e del lotto."

A prima lettura la norma sembrerebbe dare la massima autonomia di imposizione tributaria alla Regione siciliana, in quanto allo Stato assegnerebbe le entrate espressamente indicate (imposte di produzione, entrate dei tabacchi e del lotto), mentre alla Regione, in via residuale, attribuirebbe tutte le altre competenze. Sempre dalla lettura del primo comma emerge come alla Regione siciliana sia data la massima autonomia anche in tema di imposizione di tributi.[110]

---

[109] L'art. 36 dello Statuto della Regione siciliana è il più dibattuto fra le disposizioni in materia finanziaria contenute nel testo normativo. Per una rassegna più ampia sul tema si veda A. PARLATO, *Trent'anni di finanza della Regione siciliana*, Palermo, 1979.

[110] L'unico caso in cui la Regione siciliana ha esercitato la sua potestà legislativa in ambito tributario, è stato quello noto come il "tributo ambientale." Si tratta di un discusso tributo, contenuto nella Legge regionale n. 6 del 3 maggio 2001, il cui gettito avrebbe avuto la finalità di miglioramento e protezione ambientale nelle aree attraversate dai gasdotti. Ai proprietari di tali impianti, quindi, si sarebbe dovuto applicare tale tributo, a titolo di risarcimento danni al territorio, per la loro installazione. Questo tributo venne impugnato dal Commissario dello Stato in

In realtà in merito esistono diverse, e diametralmente opposte, posizioni dottrinali mitigati dalla giurisprudenza.

Secondo parte della dottrina[111] l'articolo in esame attribuisce alla Regione siciliana la potestà

---

quanto ritenuto contrastante con la Costituzione. Venne riproposto con qualche modifica con la Legge regionale n. 2 del 26 marzo 2002.

La disposizione riguardante il tributo regionale sul passaggio del gas metano attraverso il territorio della Regione siciliana, nella versione oggi in vigore ("Disposizioni programmatiche e finanziarie per l'anno 2002", in Gazzetta Ufficiale della Regione Siciliana n. 14 del 27 marzo 2002), prevede all'art. 6 che "Allo scopo di finanziare investimenti finalizzati a ridurre e prevenire il potenziale danno ambientale derivante dalle condotte installate sul territorio della Regione siciliana, nelle quali è contenuto il gas metano, è istituito un tributo ambientale il cui gettito è destinato a finanziare iniziative volte alla salvaguardia, alla tutela e al miglioramento della qualità dell'ambiente con particolare riguardo alle aree interessate dalla presenza di tali condotte." Il tributo ambientale colpisce "[...] i proprietari dei gasdotti con condotte classificabili di prima specie [...] che effettuano almeno una delle seguenti attività: di trasporto, distribuzione, vendita, acquisto." Successivamente, con sentenza del 21 giugno 2007 nella causa C-173/05, la Corte di Giustizia delle Comunità europee ha stabilito che "La Repubblica italiana, avendo istituito un tributo ambientale che colpisce il gas metano proveniente dall'Algeria, è venuta meno agli obblighi ad essa incombenti in forza degli artt. 23 CE, 25 CE e 133 CE, nonché dell'art. 9 dell'Accordo di cooperazione tra la Comunità economica europea e la Repubblica democratica popolare di Algeria, firmato ad Algeri il 26 aprile 1976 ed approvato a nome della Comunità con regolamento (CEE) del Consiglio 26 settembre 1978, n. 2210. Per ulteriori fonti di informazione sul cd "tributo ambientale" si veda, per la fase precedente alla sentenza della Corte di Giustizia, V. FICARI, *Prime note sull'autonomia tributaria delle Regioni a Statuto speciale (e della Sardegna in particolare)*, in *Rass. Trib.*, 2001, 5, pp 1284 ss.

[111] Tale posizione dottrinale, nota come tesi valutativa, è stata sostenuta da diversi autori, fra i quali S. DE FINA, *Autonomia*

esclusiva in materia di legislazione tributaria. Questa posizione, nota come tesi valutativa, fonda la sua opinione sul principio di separazione della ripartizione dei tributi. Il legislatore avrebbe lasciato piena autonomia alla Regione siciliana, attribuendo allo stesso ente i mezzi finanziari e le fonti autonome per fare fronte alle sue esigenze e per raggiungere i propri fini istituzionali.

Secondo la tesi svalutativa,[112] invece, al sistema tributario siciliano deve essere riconosciuto soltanto il potere di istituire tributi già predeterminati per legge. In tal modo alla Regione siciliana spetterebbe soltanto una competenza di tipo regolamentare e di normazione secondaria, subordinata alla legge nazionale. Soltanto dopo la previsione legislativa nazionale, infatti, la Regione avrebbe competenza ad emanare regolamenti nel rispetto della "cornice" legislativa.

Queste due posizioni dottrinali (tesi valutativa e tesi svalutativa) hanno dovuto tenere conto della posizione intermedia della giurisprudenza dell'Alta Corte per la Regione siciliana[113] e della Corte costituzionale, che ha

---

legislativa della Regione siciliana, Milano 1957, 254 ss; G. LA BARBERA, Lineamenti di diritto pubblico della Regione siciliana, Milano, 1965, pp 305 ss; A. BUSCEMA, Problemi delle norme di attuazione, cit., pp 9 ss.

[112] Per ulteriori chiarimenti sulla tesi svalutativa si vedano T. MARTINES, Questioni e dibattiti sulla legislazione regionale siciliana, in Riv. trim. dir. Pubbl., 1954; E. SPAGNA MUSSO, Giurisprudenza dell'Alta corte per la Regione siciliana, in Rass. dir. pubbl., 1956, I, pp 470 ss; F. PIERANDREI, Prime osservazioni sull'autonomia finanziaria delle regioni e sull'esperienza siciliana, in Scritti di diritto costituzionale, II, Torino, 1964, pp 109 ss.

riconosciuto alla Regione siciliana una competenza nell'ambito tributario di tipo concorrente e sussidiario.

Secondo la giurisprudenza costituzionale la potestà normativa tributaria della Regione siciliana si estende sino alla possibilità di modificare i tributi statali di applicazione nell'ambito della Regione. Questo riconoscimento è limitato dai principi inderogabili della legislazione statale di riferimento.

Il primo intervento fu dell'Alta Corte per la Regione siciliana, la quale stabilì che "Costituiscono limiti alla potestà tributaria regionale le leggi costituzionali, i principi e gli interessi generali cui si informa la legislazione dello Stato e l'elemento territoriale che importa non solo che la legge regionale deve avere efficacia entro i confini della

---

[113] Tale Corte è stata istituita con l'art. 24 dello Statuto della Regione siciliana, il quale stabilisce che "È istituita in Roma un'Alta Corte con sei membri e due supplenti, oltre il Presidente ed il Procuratore generale nominati in pari numero dalle Assemblee legislative dello Stato e della Regione, e scelti fra persone di speciale competenza in materia giuridica.

Il Presidente ed il Procuratore generale sono nominati dalla stessa Alta Corte.

L'onere finanziario riguardante l'Alta Corte è ripartito egualmente fra lo Stato e la Regione."

Tale disposizione attribuiva all'Alta corte la competenza a sindacare sulla conformità delle leggi regionali e statali allo Statuto della Regione siciliana.

La sorte dell'Alta Corte fu segnata da una serie di pronunce della Corte costituzionale (si veda principalmente la sentenza Corte cost. n° 6/1970) che ha prima ridotto e poi abolito le sue competenze giurisdizionali dichiarando la sua incostituzionalità per violazione dell'unicità del controllo di legittimità costituzionale, principio inderogabile con l'entrata in vigore della Costituzione repubblicana. P. CARETTI – G. TARLI BARBIERI, *Diritto regionale*, Torino, 2007, pp 40 ss.

Regione, ma anche che essa non deve turbare gli interessi ed i rapporti tributari nella restante parte del territorio della Repubblica."[114] In questo modo l'Alta Corte ha individuato dei limiti oltre i quali la potestà regionale non può andare: limiti costituzionali; i principi generali; territorialità dell'intervento tributario regionale, inteso anche come limite alla lesione di interessi di altre regioni.

Dopo l'intervento limitativo dell'Alta Corte fu la Corte costituzionale a porre dei limiti più penetranti alla potestà normativa della Regione siciliana in materia tributaria. La Corte ha stabilito, infatti, che la potestà in materia tributaria "è subordinata alla esigenza, fondamentale per l'economia e per l'uguaglianza di tutti i cittadini, che l'obbligazione tributaria si ricolleghi ad un sistema unitario in ordine alle caratteristiche di ciascun tributo, ai cespiti colpiti e alle modalità di riscossione. Pertanto la legislazione regionale tributaria, a carattere concorrente e sussidiario, deve essere coordinata con la finanza dello Stato e degli altri Enti locali, affinché non derivi turbamento ai rapporti tributari nel resto del territorio nazionale, e deve uniformarsi all'indirizzo ed ai principi fondamentali della legislazione statale per ogni singolo tributo."[115]

Secondo la Corte l'art. 36 va coordinato con l'art. 17 dello Statuto[116], il quale stabilisce un

---

[114] Alta Corte per la Regione siciliana, sentenza n. 7 del 13 agosto 1948 – 15 gennaio 1949, in *Alta Corte per la Regione siciliana*, I, Milano, 1954, pp 82 ss.
[115] Corte cost., sentenza n. 9 del 26 gennaio 1957, in *Giur. cost.*, 1957, p 58.
[116] Tale articolo stabilisce che "Entro i limiti dei principi

ulteriore limite che è quello del "prevalente interesse regionale" assoggettato al sindacato della Corte costituzionale al pari degli altri limiti.[117]

La giurisprudenza della Corte[118] ha poi posto un ulteriore limite, che è quello

---

ed interessi generali cui si informa la legislazione dello Stato, l'Assemblea regionale può, al fine di soddisfare alle condizioni particolari ed agli interessi propri della Regione, emanare leggi, anche relative all'organizzazione dei servizi, sopra le seguenti materie concernenti la Regione:

    a) comunicazioni e trasporti regionali di qualsiasi genere;

    b) igiene e sanità pubblica;

    c) assistenza sanitaria;

    d) istruzione media e universitaria;

    e) disciplina del credito, delle assicurazioni e del risparmio;

    f) legislazione sociale: rapporti di lavoro, previdenza ed assistenza sociale,

    osservando i minimi stabiliti dalle leggi dello Stato;

    g) annona;

    h) assunzione di pubblici servizi;

    i) tutte le altre materie che implicano servizi di prevalente interesse regionale."

[117] La sentenza della Corte cost. del 28 giugno 1957 n. 113 ha stabilito che la "Regione siciliana in materia di tributi erariali, ha ritenuto che, ammesso nel sistema tributario generale e nella legge sulla finanza locale, il principio delle esenzioni fiscali, non può disconoscersi alla Sicilia il potere di emanare leggi del genere. Purché però, si aggiunge nella sentenza, trovino riscontro in un tipo di esenzione delle leggi statali e rispondano ad un interesse regionale."

[118] Corte cost. sentenza n. 113 del 28 giugno 1957 cit. "Secondo l'art. 15 dello Statuto regionale i comuni e i liberi consorzi comunali della Sicilia sono dotati della più ampia autonomia amministrativa e finanziaria. E, precisa l'ultimo comma del detto articolo, nel quadro di tali principi spetta alla Regione la legislazione esclusiva e l'esecuzione diretta in materia di circoscrizioni, ordinamento e controllo degli enti locali. Dato il tenore di tale disposizione è ben difficile ritenere che l'autorizzazione ai comuni e agli enti provinciali, sostanzialmente

dell'autonomia della finanza locale, basandosi sull'art. 15 dello Statuto siciliano secondo e terzo comma, il quale stabilisce che "L'ordinamento degli enti locali si basa nella Regione stessa sui Comuni e sui liberi Consorzi comunali, dotati della più ampia autonomia amministrativa e finanziaria." Al secondo comma continua stabilendo che "Nel quadro di tali principi generali spetta alla Regione la legislazione esclusiva e l'esecuzione diretta in materia di circoscrizione, ordinamento e controllo degli enti locali."

L'altra disposizione riguardante la potestà normativa tributaria della Regione siciliana è l'art. 37 dello Statuto siciliano, il quale stabilisce al primo comma che "Per le imprese industriali e commerciali, che hanno la sede centrale fuori del territorio della Regione, ma che in essa hanno stabilimenti ed impianti, nell'accertamento dei redditi viene determinata la quota del reddito da

---

contenuta nell'art. 3 del disegno di legge, non interferisca, sia pure indirettamente, nella finanza locale, incidendo, in contrasto con l'art. 15, in quell'ampia autonomia che questa disposizione espressamente riconosce. Ciò in quanto si verrebbe ad alterare l'equilibrio che domina l'organizzazione della finanza locale, poiché gli enti che provvedessero eventualmente all'esonero, sarebbero costretti, dati gli oneri che gravano sulle loro finanze, a ricercare altre fonti di entrata o aggravando la situazione tributaria nei riguardi dei cittadini, o ricorrendo ai mutui che hanno carattere eccezionale, non soltanto ai sensi dell'art. 260 del T.U. sulla finanza locale (ricordato anche nella relazione al disegno di legge), ma anche ai sensi degli artt. 103 e 104 del decreto legislativo del Presidente della Regione 29 ottobre 1955, n. 6, sull'ordinamento amministrativo degli enti locali. E potrebbe inoltre portare una sperequazione nella finanza dei detti enti, qualora non tutti gli enti, nel cui territorio si attua la riforma agraria, si avvalessero di tale autorizzazione"

attribuire agli stabilimenti ed impianti medesimi."
Al secondo, ed ultimo comma, continua disponendo
che "L'imposta, relativa a detta quota, compete alla
Regione ed è riscossa dagli organi di riscossione
della medesima." La concreta applicazione di questa
disposizione non è priva di rilevanza, in quanto
farebbe affluire nelle casse della Regione siciliana
delle risorse finanziarie attualmente destinate allo
Stato.

La norma afferma, infatti, il principio della
territorialità dell'imposta, facendo leva sulla
"capacità fiscale"[119] manifestata nell'ambito
regionale per stabilire la quota dei redditi prodotti
dagli stabilimenti ed impianti operativi nell'ambito
territoriale siciliano, ma dipendenti da imprese
commerciali e industriali che abbiano sede fuori
dalla Regione, al fine di fare affluire alle casse
regionali i relativi tributi.

L'altra disposizione dello Statuto siciliano
che va presa in considerazione è l'art. 38 (vedi *infra*
§ 4). Al primo comma tale articolo stabilisce che
"Lo Stato verserà annualmente alla Regione, a titolo
di solidarietà nazionale, una somma da impiegarsi,
in base ad un piano economico, nella esecuzione di
lavori pubblici." Continuando al secondo comma,

---

[119] Si veda la sentenza Corte cost. n. 306 del 13 ottobre
2004, nella quale si stabilisce che il luogo fisico in cui avviene
l'operazione contabile, non è sempre determinante ai fini della
riscossione tributaria, in quanto "tende infatti ad assicurare alla
Regione il gettito derivante dalla "capacità fiscale" che si
manifesta nel suo territorio, e cioè dai rapporti tributari che sono
in esso radicati, in ragione della residenza fiscale del soggetto
produttore del reddito colpito o della collocazione nell'ambito
territoriale regionale del fatto cui si collega il sorgere
dell'obbligazione tributaria."

riferendosi alla natura perequativa dei finanziamenti statali alla Regione, stabilisce che "Questa somma tenderà a bilanciare il minore ammontare dei redditi di lavoro nella Regione in confronto della media nazionale." Si tratta, in sostanza, di risorse destinate al riequilibrio finanziario della Regione, per far sì che sia in linea con la media delle altre Regioni. Annualmente lo Stato sarebbe tenuto a fornire alla Regione siciliana delle risorse, da stabilire con il piano quinquennale, così come stabilito dal terzo comma dell'art. 38 il quale afferma che "Si procederà ad una revisione quinquennale della detta assegnazione con riferimento alle variazioni dei dati assunti per il precedente computo."

Le disposizioni di attuazione dello Statuto della Regione siciliana sono contenute nel D.P.R. n. 1074 del 26 giugno 1965. Con tali norme si è sostituito il regime transitorio riguardante i rapporti finanziari fra Stato e Regione siciliana previsto dal D.lgs. n. 507/1948.

Il regime finanziario è mutato sensibilmente rispetto al sistema previsto dal regime transitorio,[120] passando ad un "regime di compartecipazione in cui lo Stato è il primo responsabile dell'istituzione di nuovi tributi"[121] mentre precedentemente il sistema era informato ad un regime di netta separazione, in

---

[120] Nel D.lgs. n. 507/1948 le entrate di competenza della Regione erano quelle indicate nel suo primo bilancio di previsione, predisposto per l'esercizio finanziario 1947-1948 e di cui al decreto del Presidente regionale n. 14/1947. A. CUVA, *L'Autonomia finanziaria della Regione Siciliana: i limiti e le ipotesi di riforma*, Palermo, 1999.

[121] V. GIACALONE, *Le risorse finanziarie della Regione nella prospettiva del federalismo*, in *Testi e studi sull'autonomia siciliana-Quaderni*, Palermo, 1997, 32.

cui la Regione siciliana era titolare di una competenza generale in materia di legislazione tributaria.

L'art. 1 del D.P.R. n. 1074/1965 stabilisce che "la Regione siciliana provvede al suo fabbisogno finanziario: a) mediante le entrate derivanti dai suoi beni demaniali e patrimoniali o connesse all'attività amministrativa; b) mediante le entrate tributarie ad essa spettanti." L'art. 6 continua, invece, riconoscendo alla Regione siciliana, sempre naturalmente entro i "limiti dei principi del sistema tributario dello Stato", il potere di istituire nuovi tributi in corrispondenza di particolari esigenze che la Regione dovesse avere.[122]

L'art. 2, attuativo dell'art. 36 dello Statuto, dopo avere richiamato le fonti di finanziamento della Regione (entrate tributarie da essa direttamente deliberate e tutte le entrate erariali dirette e indirette riscosse nell'ambito regionale) esclude "delle nuove entrate tributarie il cui gettito sia destinato con apposite leggi alla copertura di oneri diretti a soddisfare particolari finalità contingenti o continuative dello Stato specificata nelle leggi medesime."[123]

---

[122] Alla Regione siciliana sono attribuite anche entrate accessorie derivanti da interessi di mora e le soprattasse ai sensi dell'art. 3 del D.P.R. n. 1074/1965, inoltre, così come stabilito dal successivo art. 4, sono destinate alle finanze della Regione le entrate derivanti dall'applicazione di sanzioni pecuniarie, sia amministrative sia penali.

[123] L'art. 2 originariamente fu previsto in deroga al carattere eccezionale della regola secondo cui la Regione era titolare delle entrate tributarie, nel tempo ha finito per essere applicata in modo continuo, tanto da non rappresentare più una deroga, ma un'applicazione a carattere generale che ha ampliato

L'art. 7, attuativo dell'art. 37 dello Statuto, prevede che "per le imprese industriali e commerciali private e pubbliche che hanno la sede centrale fuori del territorio della Regione, ma che in essa hanno stabilimenti ed impianti, l'ufficio competente ad eseguire l'accertamento procede, d'intesa con l'ufficio nel cui distretto si trovano gli stabilimenti ed impianti, al riparto dei redditi soggetti ad imposta di ricchezza mobile. Il riparto è comunicato agli uffici nei cui distretti l'impresa ha stabilimenti ed impianti, agli effetti della conseguente iscrizione a ruolo. Il ministro delle finanze risolve i contrasti tra uffici per il riparto del reddito d'intesa con l'assessore regionale delle finanze.

Spettano, altresì, alla Regione i tributi sui redditi di lavoro dei dipendenti delle imprese industriali a commerciali di cui al comma precedente, che sono addetti agli stabilimenti situati nel suo territorio.

La determinazione di quota prevista dal primo comma si effettua, con la procedura ivi indicata, anche nel caso di imprese che hanno la sede centrale nel territorio della Regione e stabilimenti e impianti fuori di essa. In tal caso l'imposta relativa alle quote di reddito afferenti

le fattispecie di destinazione del gettito fiscale all'Erario In questo ha avuto un ruolo fondamentale la Corte costituzionale, con la sentenza n. 362 dell'11 giugno 1993 con la quale ha stabilito, infatti, che un'altra condizione per potere derogare sussiste anche per la "copertura di oneri per il servizio del debito pubblico, nonché alla realizzazione delle linee di politica economica e finanziaria in funzione gli impegni di riequilibrio del bilancio assunti in sede comunitaria." In tal senso si veda A. DAGNINO, *Agevolazioni fiscali e potestà normativa*, Padova, 2008, p 85.

all'attività degli stabilimenti e impianti situati fuori della Regione, è iscritta nei ruoli degli uffici delle imposte dirette nel cui distretto sono situati detti stabilimenti e impianti. L'imposta relativa alle quote di reddito afferenti alle attività della sede centrale e degli stabilimenti ed impianti situati nel territorio della Regione è iscritta nei ruoli dei competenti uffici distrettuali delle imposte dirette."

Le fattispecie previste da tale disposizione sono sostanzialmente due: la prima riguarda le imprese che non hanno la loro sede centrale nell'ambito del territorio regionale, ma che, invece, abbiano i loro "stabilimenti ed impianti" all'interno della Regione; la seconda ipotesi prevede, al contrario, che l'impresa abbia "sede centrale" nell'ambito del territorio di competenza regionale, ma che abbia "stabilimenti e impianti" all'esterno.

Sia nella prima ipotesi sia nella seconda, è prevista una collaborazione fra gli uffici riconducibili allo Stato centrale e alla Regione, ciò per facilitare la ripartizione del gettito fiscale prodotto dall'impresa. I redditi dei lavoratori dipendenti, che prestano la propria attività in impianti situati nel territorio regionale, sono assoggettai alla fiscalità regionale (art. 7 secondo comma).[124]

Questa disciplina non hai mai trovato sufficiente riscontro nella realtà a causa, e non solo, della difficoltà applicative della disposizione, ciò fa

---

[124] In questa direzione si veda la sentenza n. 299/1974, la quale stabilisce che spettano alla Regione le imposte sui redditi da lavoro dipendente degli addetti preposti in imprese industriali e commerciali che abbiano il proprio domicilio fiscale fuori dall'ambito territoriale.

ritenere che l'art. 7, attuativo dell'art. 37, necessiti di ulteriore norme che ne facilitino il suo esercizio.[125]

3. Agevolazioni fiscali

L'orientamento giurisprudenziale[126] sulla potestà legislativa della Regione siciliana nell'ambito tributario, ha avuto applicazione anche per quanto riguarda le agevolazioni fiscali.

L'orientamento giurisprudenziale della Corte costituzionale è rilevabile da alcune pronunce che ne hanno tracciato la posizione.[127]

Ma prima di tracciare l'*iter* giuridico della Corte bisogna fare riferimento all''art. 87 del trattato sull'Unione europea e del Trattato che istituisce la Comunità europea,[128] in quanto esprime il principio

---

[125] In tal senso si veda A. DAGNINO, *Agevolazioni fiscali*, cit., pp 88 ss.

[126] Si vedano gli orientamenti dell'Alta Corte per la Regione siciliana sentenza n. 7/1948 e Corte cost. n. 9/1957; Corte cost. n. 113/1957; Corte cost. n. 306/2004.

[127] Sentenze Corte cost. n. 58/1957; n. 113/1957; n. 116/1957; n. 25/1958; n. 122/1967; n 97/1974

[128] L'art. 87 Trattato sull'Unione europea e del Trattato che istituisce la Comunità europea stabilisce che "Salvo deroghe contemplate dal presente trattato, sono incompatibili con il mercato comune, nella misura in cui incidano sugli scambi tra Stati membri, gli aiuti concessi dagli Stati, ovvero mediante risorse statali, sotto qualsiasi forma che, favorendo talune imprese o talune produzioni, falsino o minaccino di falsare la concorrenza.

Sono compatibili con il mercato comune:

a) gli aiuti a carattere sociale concessi ai singoli consumatori, a condizione che siano accordati senza discriminazioni determinate dall'origine dei prodotti;

b) gli aiuti destinati a ovviare ai danni arrecati dalle

base dell'ordinamento europeo di un'economia di mercato libera e di una concorrenza leale all'interno dell'area.[129]

Tale articolo è inserito nel Titolo VI "Norme comuni sulla concorrenza, sulla fiscalità e sul ravvicinamento delle legislazioni", al Capo I "Regole sulla concorrenza", nella sezione seconda titolata "Aiuti concessi dagli Stati".

In generale, in tal modo, sarebbero contrastanti con tale principio le agevolazioni

---

calamità naturali oppure da altri eventi eccezionali;

c) gli aiuti concessi all'economia di determinate regioni della Repubblica federale di Germania che risentono della divisione della Germania, nella misura in cui sono necessari a compensare gli svantaggi economici provocati da tale divisione.

Possono considerarsi compatibili con il mercato comune:

a) gli aiuti destinati a favorire lo sviluppo economico delle regioni ove il tenore di vita sia anormalmente basso, oppure si abbia una grave forma di sottoccupazione;

b) gli aiuti destinati a promuovere la realizzazione di un importante progetto di comune interesse europeo oppure a porre rimedio a un grave turbamento dell'economia di uno Stato membro;

c) gli aiuti destinati ad agevolare lo sviluppo di talune attività o di talune regioni economiche, sempre che non alterino le condizioni degli scambi in misura contraria al comune interesse;

d) gli aiuti destinati a promuovere la cultura e la conservazione del patrimonio, quando non alterino le condizioni degli scambi e della concorrenza nella Comunità in misura contraria all'interesse comune;

e) le altre categorie di aiuti, determinate con decisione del Consiglio, che delibera a maggioranza qualificata su proposta della Commissione."

[129] Sui limiti europei all'imposizione tributaria si veda M. GREGGI, *Tributi regionali e vincoli comunitari: i limiti europei alla potestà impositiva regionale (quando il controllo di compatibilità comunitaria passa attraverso la Corte Costituzionale*, in *Rassegna tributaria*, 2008, pp 1449-1477.

tributarie, così come qualsiasi operazione di fiscalità di vantaggio nella Regione siciliana deve essere informata da tutti quei principi e requisiti che facciano sì che non si tratti di una falsificazione delle regole di concorrenza europee.[130]

Di interesse specifico per il tema trattato sono le lettere *a*), *b*) e *c*) dell'art. 87, in quanto riguardano gli aiuti concessi a quelle aree che necessitano di uno sviluppo ulteriore per potere essere concorrenti all'interno di un mercato libero, per potere riequilibrare, attraverso tali aiuti agli investimenti, le disparità regionali. Questi aiuti, in definitiva, tendono a colmare la situazione di svantaggio di una determinata area, con azioni di coesione economica, sociale e territoriale. Proprio ciò permette di differenziare gli aiuti che hanno una finalità regionale rispetto agli aiuti orizzontali, come quelli desinati allo sviluppo e innovazione, alla ricerca e all'occupazione, i quali perseguono un interesse comune.[131]

È necessario che l'intervento fiscale sia proporzionato all'obiettivo che si persegue, in

---

[130] Può essere considerato aiuto, qualsiasi vantaggio economico, anche di riduzione dei costi, che favorisca una parte o un determinato territorio, senza che da tale "aiuto" vi sia una controprestazione. L'incompatibilità, secondo le precisazioni della Commissione europea, si riferisce agli aiuti che vengono erogati dagli Stati attraverso risorse proprie che vadano ad incidere favorevolmente in certi settori o produzioni e che si ripercuotono sul mercato europeo, non rimanendo circoscritte nell'ambito territoriale. Si veda A.M. CALAMIA – V. VIGIAK, *Manuale breve di diritto comunitario*, Milano, 2007, pp 171 ss; mentre per quanto riguarda in modo specifico l'aiuto come sistema per garantire un vantaggio ad un'impresa o a un settore specifico si veda A. CUVA, *L'autonomia finanziaria*, cit., p 58.

[131] A.M. CALAMIA – V. VIGIAK, *Manuale*, cit., p 173.

questo senso eventuali agevolazioni fiscali nell'ambito della Regione siciliana incontrano i limiti dell'art. 87 lett. *a*), *b*) e *c*) del Trattato.

Dopo avere osservato il limite alle agevolazioni fiscali posto dall'art. 87 del Trattato, è possibile tracciare la linea di intervento della giurisprudenza della Corte costituzionale in questo ambito.

Con la sentenza n. 116 dell'8 luglio 1957[132] la Corte costituzionale, investita della questione, ha precisato che la Regione siciliana ha la facoltà di introdurre le agevolazioni fiscali "purché trovino riscontro in un tipo di esenzione delle leggi statali e rispondano ad un interesse regionale."

La Corte ha affermato che la potestà legislativa concorrente della Regione siciliana in ambito tributario incontra un doppio limite nel rispetto dei principi e degli interessi generali e nella legislazione statale per ogni singolo tributo. In questo senso la disposizione sottoposta al giudizio di legittimità costituzionale[133] "viola il suindicato duplice limite. Viola il principio generale della irretroattività della legge, in quanto incide sui diritti

---

[132] Nella sentenza 116/1957 la Corte costituzionale si era pronunciata sulla questione di legittimità costituzionale riguardante una disposizione regionale che introdusse sgravi fiscali per le costruzioni edilizie. Nel caso concreto la Corte ha disposto la nullità dei supplenti di imposta elevati e notificati dagli Uffici del registro, facendo riaprire la procedura stabilita dalla legislazione statale per l'opposizione all'ingiunzione di pagamento dell'imposta suppletiva.

[133] Art. 1, comma primo, della legge approvata dall'Ars (Assemblea regionale siciliana) il 23 gennaio 1957 e recante "Aggiunte alla legge regionale 18 gennaio 1959, n. 2 e successivo regolamento 25 maggio 1950, n. 22."

quesiti dalla Finanza per la mancata tempestiva opposizione del contribuente e perciò finisce per avere effetto retroattivo. Viola del pari il sistema fondamentale della legge sull'imposta di registro, in quanto stabilisce deroghe ai termini da questa previsti per la procedura di opposizione alla ingiunzione per il pagamento dei supplenti d'imposta, con riflessi anche sul termine di prescrizione, sia per l'azione dello Stato, che per quella del contribuente (artt. 136, 140, 141, 144 e 145 della legge di registro 30 dicembre 1923, n. 3269). Consegue che il detto art. 1, primo comma della legge regionale siciliana è costituzionalmente illegittimo."

Nello stesso anno la Corte[134] ha anche dichiarato l'illegittimità costituzionale dell'art. 1 della legge regionale siciliana approvata il 16 gennaio 1957[135] sia perché non collegabile all'esenzione ammessa da una legge statale sia perché non riconducile a nessun interesse peculiare della Regione. Tale disposizione, per la Corte costituzionale, "è costituzionalmente illegittima anche perché, nel porre a carico dell'Ente regionale per la riforma agraria in Sicilia (E.R.A.S.) l'onere del pagamento dei tributi dovuti all'assegnatario, viene ad estendere l'obbligo dell'imposta ad un soggetto estraneo al rapporto tributario, determinando una situazione in contrasto con i principi generali del sistema tributario nazionale, ai

---

[134] Sentenza Corte cost. n. 113 del 28 giugno 1957.
[135] Tale disposizione prevedeva per gli assegnatari di terreni espropriati a causa della riforma agraria, una esenzione dal pagamento delle imposte che gravano sui terreni e sui redditi agrari.

quali la potestà legislativa regionale in materia tributaria deve uniformarsi."

Un'altra sentenza[136] ha sancito l'incostituzionalità della legge regionale approvata il 16 gennaio 1957 dall'Assemblea regionale siciliana riguardante "agevolazioni fiscali per la messa in opera di materiali da costruzione nei loculi dei cimiteri", in quanto non trova riscontro in nessuna disposizione legislativa statale e perché non rispondente ad un interesse regionale.

Nella sentenza viene riconosciuta la competenza della Regione siciliana ad emanare provvedimenti per l'esenzione tributaria, ma "l'esercizio di tale potere è subordinato alla osservanza dei principi fondamentali della legislazione statale nella sfera delle esenzioni, tenendo conto del singolo tributo e, nella specie, della natura delle esenzioni disposte dalla legge sulla finanza locale. Consegue che la Regione può disporre nuove esenzioni; purché trovino riscontro in un tipo di esenzione delle leggi statali, e rispondano ad un interesse regionale. A questi principi si è ispirata la giurisprudenza dell'Alta Corte siciliana."

Altre pronunce hanno visto, invece, il riconoscimento all'introduzione delle agevolazioni fiscali. In questo senso deve essere presa in considerazione la sentenza della Corte costituzionale n. 117 dell'1 luglio 1957. Con questa pronuncia non si è accolta la richiesta di dichiarare l'illegittimità costituzionale dell'art. 1 della legge regionale siciliana approvata dall'Assemblea regionale siciliana il 22 gennaio 1957 e riguardante

---

[136] Sentenza Corte cost. n. 58 del 13 aprile 1957.

agevolazioni tributarie per la costruzione dell'autostrada Palermo Catania, ciò perché in ambito nazionale è previsto un sistema di agevolazione per la costruzione di queste infrastrutture.[137]

In questo senso va anche la sentenza della Corte costituzionale n. 25 del 12 febbraio 1958 che ha dichiarata non fondata la questione di legittimità costituzionale della legge approvata dall'Assemblea regionale siciliana il 19 luglio 1957[138] perché è presente un interesse regionale e perché conforme alla legislazione statale in materia e tale agevolazione è largante ammessa dal R.D. del 30 dicembre 1923, n° 3269, tabella annessa all'allegato B (artt. 2, 3, 4 e 5).

Per quanto riguarda il punto relativo all'interesse regionale, la Corte ha ravvisato che le condizioni igienico sanitarie della Regione siciliana

---

[137] La sentenza Corte cost. n° 117/1957, infatti, stabilisce che "nel sistema tributario dello Stato, è stata largamente accolta la regola di accordare ampie facilitazioni agli atti riguardanti la costruzione di autostrade. Non può quindi disconoscersi la legittimità del citato articolo primo della legge siciliana le cui agevolazioni fiscali, riguardando la costruzione di una strada di grande comunicazione e di indubbio interesse regionale, quale la Palermo-Catania, trovano riscontro in un tipo di esenzione ammesso nel sistema tributario dello Stato, per gli stessi atti considerati dalla legge regionale."

[138] Tale legge ammetteva che la Regione siciliana potesse autorizzare la costruzione di edifici e colonie permanenti marine e montane e a provvedere alla loro totale attrezzatura (art. 1). All'art. 3, ultimo comma, veniva stabilito che "tutti gli atti relativi alla esecuzione di opere, forniture e prestazioni da effettuarsi in applicazione delle presente legge sono registrati a tassa fissa." Quest'ultima troverebbe "riscontro in un tipo di agevolazione fiscale largamente ammesso dal R. D. 30 dicembre 1923, n° 3269, tabella annessa all'allegato B (artt. 2, 3, 4, 5 *etc.*)."

121

"reclamano una più efficace assistenza all'infanzia specialmente nelle zone interne ancora depresse nel campo assistenziale." Per quanto riguarda il secondo punto, quello relativo alla conformità alla normativa nazionale in materia, la Corte ha stabilito che "pur non avendo nell'ordine giuridico una legislazione unitaria, si possono riportare nella sfera dell'attività assistenziale che la Costituzione riconosce come fine essenziale dello Stato (*ex* artt. 32 e 38), finalità affermata anche nei confronti della Regione siciliana (Statuto speciale per la Sicilia, *ex* art. 17, parte prima, lett. *b-c*)."

Altre pronunce giurisprudenziali della Corte costituzionale, invece, hanno stabilito la legittimità della differenza fra legge tributaria statale da un lato e regionale dall'altra. In questa direzione va la sentenza n. 122 del 28 novembre 1967, la quale in merito alla competenza della Regione siciliana in materia tributaria stabilisce che "l'art. 36 dello Statuto non ha attribuito immediatamente alla Regione la potestà amministrativa in materia finanziaria; a questo scopo occorrevano apposite norme d'attuazione, che in realtà ci sono state, prima del 1965 (D.lgs. del 12 aprile 1948 n. 507), ma che hanno conferito quei poteri, e in via del tutto provvisoria, limitatamente alla riscossione dei tributi: l'accertamento continuò ad essere attuato legittimamente dallo Stato coi propri uffici, che non si erano ancora trasferiti alla Regione."

A rafforzare questo orientamento è stata la sentenza n. 97 del 4 aprile 1974, con la quale si è stabilito che "La potestà legislativa concorrente, che l'art. 36 dello Statuto speciale concede alla Regione siciliana in materia tributaria (sentenza n. 9 del 1957 sino all'ultima n. 158 del 1973), obbliga la stessa, in conformità dell'art. 17 del detto Statuto, a rispettare i principi e gli interessi generali cui si informa la legislazione dello Stato in materia, ma non le fa affatto obbligo di ripeterne pedissequamente le norme, alle quali la Regione può e deve introdurre quelle variazioni utili ad adattare le leggi nazionali alle speciali necessità del suo territorio. Nel che è la ragione, la portata e il limite della stessa legislazione concorrente."

Sostanzialmente la Regione siciliana nella concessione delle agevolazioni fiscali incontra diversi limiti. Il primo limite è quello dell'art. 87 del Trattato istitutivo dell'Unione europea che mira ad una concorrenza leale all'interno del mercato unico degli ordinamenti aderenti; l'altro limite, che potremmo definirlo di carattere interno, è relativo alle pronunce della Corte costituzionali che hanno ravvisato fondamentalmente due tipi di limitazioni: il primo inerente ad un coordinamento e all'armonizzazione fra le norme regionali tributarie con quelle statali, l'agevolazione fiscale deve trovare un riscontro nella legislazione statuale e il secondo relativo all'esistenza di un interesse peculiare della Regione nell'introdurre tale vantaggio o aiuto.

In questo modo si evita la nascita di sistemi sganciati da quello statale e che potrebbero creare problemi di coordinamento.

4. Perequazione

Nella Regioni a statuto differenziato e nelle Province autonome il tratto caratterizzante l'autonomia finanziaria è dato dalla compartecipazione ai tributi erariali. In questo senso lo Statuto della Regione siciliana ha previsto dei meccanismi di finanziamento per garantire un certo grado di autonomia e fare fronte alle esigenze del territorio.

L'art. 38 dello Statuto della Regione siciliana, insieme naturalmente all'art. 36 precedentemente analizzato, è di fondamentale importanza per l'autonomia finanziaria dell'Ente, ma ha avuto scarsa applicazione.

La disposizione statutaria prevede che "Lo Stato verserà annualmente alla Regione, a titolo di solidarietà nazionale, una somma da impiegarsi, in base ad un piano economico, nella esecuzione di lavori pubblici.

Questa somma tenderà a bilanciare il minore ammontare dei redditi di lavoro nella Regione in confronto della media nazionale.

Si procederà ad una revisione quinquennale della detta assegnazione con riferimento alle variazioni dei dati assunti per il precedente computo."

Tale disposizione, però, non ha ottenuto i risultati voluti, rimanendo lettera morta, ciò a causa di un'applicazione errata nel concreto.

I motivi fondamentalmente sono riconducibili a due questioni: la prima ragione è da ricercare nella difficoltà di erogazione delle risorse, in quanto lo Stato non ha provveduto negli anni allo stanziamento pianificato delle stesse, ma è sempre stato frutto di una negoziazione fra lo Stato centrale e la Regione siciliana, trasferendo, di fatto, somme che non rientrano all'interno di un sistema di regole e criteri precisi per la predeterminazione dei trasferimenti; il secondo motivo è, invece, dovuto all'uso delle somme destinate al trasferimento perequativo previsto dall'art. 38 dello Statuto per finalità diverse, senza, anche in questo caso, seguire un preciso programma di sviluppo e programmazione.

Tale previsione ha lo scopo di migliorare e correggere le condizioni economiche della Regione in generale e avvicinare le distanze economiche e sociali con le altre Regioni.[139] Relativamente al terzo comma si rileva il "fine di collegare la determinazione del Fondo alla valutazione dei risultati economici raggiunti con le risorse impiegate nel precedente periodo[140]"

Lo Stato centrale, secondo quanto disposto dall'art. 38 dello Statuto, deve versare ogni anno alla Regione siciliana le risorse da impiegarsi, in base ad un piano economico predefinito, per l'esecuzione di lavori pubblici nell'ambito regionale.

Solamente dal 2000, dopo un'interruzione dei finanziamenti a partire dal 1991, il Fondo di solidarietà nazionale è stato integrato con l'impegno di somme per adempiere a tali obblighi. Con tali erogazioni si è consentito all'Ente di rendere attuali i crediti collocati nel mercato.

Con la legge finanziaria 2007 è stato attribuito alla Regione siciliana un finanziamento di

---

[139] In questo senso si veda V. GIACALONE, *La Regione Siciliana dinanzi alla prospettiva del federalismo fiscale*, in *I quaderni di SiciliAutonomie*, Palermo, 2000, p 27.

[140] A. CUVA, *L'autonomia finanziaria*, cit., p 21.

60 milioni di euro per gli anni 2008 e 2009, finalizzato al risanamento ambientale dei luoghi di insediamento degli stabilimenti petroliferi presenti nel territorio siciliano.

L'erogazione finanziaria è concessa attraverso la retrocessione alla Regione siciliana di parte del gettito prodotto delle accise dei prodotti petroliferi utilizzati nell'ambito del territorio della Regione.[141]

La giurisprudenza della Corte costituzionale è intervenuta recentemente sul tema, con due importanti sentenza: la n. 64[142] del 7 marzo 2012 (G.U.R.I. n. 13 del 28 marzo 2012) e la n 71[143]

---

[141] Il Fondo di solidarietà nazionale, facendo una breve sintesi, è stato così finanziato:
- 1.239 milioni di euro, con limiti di impegno dal 2001 al 2016 a copertura del periodo 1991-2000;
- 585 milioni di euro, con limiti di impegno dal 2004 al 2021 a copertura del periodo 2001-2005;
- complessivi 394 milioni di euro, limiti di impegno dal 2006 al 2022, a copertura del periodo 2006-2007;
- contributo annuale di 60 milioni di euro per ciascuno degli anni 2008 e 2009.

[142] La Regione siciliana in questa occasione ha promosso la questioni di legittimità costituzionale degli artt. 2 e 14, comma secondo, del decreto legislativo 14 marzo 2011, n. 23, recante "Disposizioni in materia di federalismo fiscale municipale", e le altre disposizioni collegate al medesimo decreto che potrebbero pregiudicare l'autonomia finanziaria della Regione. La Regione siciliana ha denunciato nel ricorso alla Corte che dette disposizioni siano lesive degli artt. 36 e 37 dello statuto della Regione siciliana (R.D.lgs.. 15 maggio 1946, n. 455, recante «Approvazione dello statuto della Regione siciliana», convertito in legge costituzionale 26 febbraio 1948, n. 2) e le «relative» norme di attuazione di cui al D.P.R. 26 luglio 1965, n. 1074 (Norme di attuazione dello Statuto della Regione siciliana in materia finanziaria).

[143] La sentenza riguarda un ricorso promosso dalla

del 21 marzo 2012 (G.U.R.I. n. 14 del 4 aprile 2012).[144]

Con la prima sentenza la Corte ha stabilito che "pur non potendosi negare la spettanza alla Regione siciliana del gettito degli indicati tributi riscossi nel suo territorio e, quindi, la potenziale sussistenza del denunciato contrasto, deve ritenersi che proprio questo contrasto rende operante la clausola di "salvaguardia" degli statuti speciali contenuta nel parimenti censurato comma 2 dell'art. 14 del d.lgs. n. 23 del 2011, secondo cui il decreto «si applica nei confronti delle regioni a statuto speciale» solo «nel rispetto dei rispettivi statuti». Ne consegue l'inapplicabilità alla Regione ricorrente dei censurati commi dell'art. 2, in quanto "non rispettosi" dello statuto d'autonomia."

Con la seconda pronuncia, invece, la Corte si è espressa sulla negoziazione politica fra Stato e Regione siciliana per l'attuazione dello Statuto "lo Stato ha inteso introdurre unilateralmente una disciplina di acquisizione di dati sulle infrastrutture (anche) degli enti ad autonomia speciale che non

---

Regione siciliana avverso il D.lgs. n. 88 del 31 maggio 2011 perché lesivo dell'autonomia finanziaria dell'Ente in quanto viola gli artt. 38 e 43 dello Statuto e l'attuazione dell'art. 119 della Costituzione.

[144] Per una ricca raccolta giurisprudenziale relativa al contenzioso Stato – Regione siciliana, relativa agli anni 2010 – 2011 e riguardante tutti i settori di intervento pubblico (agricoltura, PA, bilancio e contabilità pubblica, demanio e territorio, elezioni, governo del territorio, lavori pubblici, ordinamento civile, previdenza sociale, pubblico impiego, sanità, sicurezza pubblica, statuto, tutela dell'ambiente e della concorrenza) si veda: P. CANINO (a cura di) *Giurisprudenza della Corte costituzionale. Pronunce relative al contenzioso Stato – Regione siciliana*, in *www.ars.sicilia.it*, 2012.

incide in modo sostanziale sulla trattativa politica da svolgersi nell'ambito delle procedure di attuazione statutaria alle quali fa rinvio l'art. 27.

L'efficacia meramente transitoria («in sede di prima applicazione») e la sopra evidenziata peculiare *ratio* del comma 1 dell'art. 22 rendono tale disposizione *lex specialis* rispetto all'art. 27 della stessa legge di delegazione e giustificano la sua diretta applicazione agli enti ad autonomia differenziata, senza alcun rinvio alle procedure legislative previste per l'attuazione statutaria. Sotto tale profilo, la sottolineata specialità dell'art. 22 non smentisce, ma conferma la regola della riserva di competenza alle norme di attuazione degli statuti disposta dall'art. 27 della legge di delegazione."

5. Le ipotesi di modifica degli articoli 36, 37 e 38 dello Statuto della Regione siciliana

Gli articoli inerenti l'autonomia finanziaria della Regione siciliana sono stati oggetto di proposta di modifica, anche alla luce delle riforme che negli anni si sono avute e che rendono necessaria una loro revisione.

In questo senso ha un ruolo determinante la riforma del Titolo V della Costituzione del 2001.

Il documento fondamentale da prendere in esame per analizzare la proposta di modifica è la relazione proposta della Commissione Speciale per la revisione dello Statuto.[145]

---

[145] S. DI GREGORIO, *Dossier contenente proposte per la*

128

Per quanto riguarda l'art. 36[146] dello Statuto siciliano, bisogna prendere in esame due profili: il primo di ordine prettamente giuridico, mentre il secondo è inerente al contenuto del testo di riforma.

Nell'ipotesi di riforma è stato presa in considerazione l'opportunità di inserire all'interno della disposizione statutaria gli artt. 1, 2 e 3 delle disposizioni attuative dello Statuto (D.P.R. n. 1074 del 1965).

La prima questione da evidenziare è quella giuridica e formale riguardante l'introduzione delle disposizioni attuative nello Statuto.

Sotto questo primo aspetto sembrerebbe non solo superfluo un inserimento all'interno dello

---

revisione dello Statuto (articoli in esame 35, 37, 38), in *www.ars.sicilia.it.*

[146] L'art. 36 riformulato prevede che "Al fabbisogno finanziario della Regione si provvede: a) mediante le entrate derivanti dai suoi beni demaniali e patrimoniali e quelle connesse all'attività amministrativa di sua competenza; b) mediante tributi propri deliberati dalla Regione medesima; c) mediante le entrate tributarie erariali ad essa spettanti; d) mediante indebitamento per finanziare spese d'investimento; e) mediante contributi e trasferimenti concessi dall'UE, dallo Stato e da ogni altro soggetto; f) mediante ogni altra entrata, di qualsivoglia natura, ad essa spettante.

Sono entrate tributarie erariali spettanti alla Regione tutte quelle riferibili al suo territorio, nonché comunque quelle ivi riscosse, compresi gli interessi e le sanzioni.

Sono però interamente riservate allo Stato le entrate derivanti dai tabacchi, dal lotto e dalle lotterie a carattere nazionale.

La Regione può adottare misure fiscali generali ovvero aiuti di Stato di carattere fiscale nell'ambito dei tributi propri e dei tributi erariali di spettanza regionale.

Nei limiti della normativa dell'UE, d'intesa fra il Governo dello Stato e quello della Regione, possono essere istituite zone franche e depositi franchi doganali nel territorio della Regione."

Statuto, ma addirittura paradossale. Secondo una giurisprudenza ormai consolidata, infatti, le norme di attuazione dello Statuto costituiscono il parametro per valutare la costituzionalità delle leggi ordinarie, in questo senso resistono alle leggi ordinarie nello stesso modo di quelle statutarie.

Il paradosso starebbe nel fatto che il loro non inserimento all'interno dell'art. 36 Statuto renderebbe necessaria, nel caso si volesse fare una modifica, una procedura di revisione in cui la Regione siciliana è uno attore determinante. Trasferendo il contenuto degli artt. 1, 2 e 3 nello Statuto, invece, si andrebbe incontro ad una procedura che è sostanzialmente unilaterale ed è prevista dall'art. 41 *ter* dello Statuto.

Per quanto riguarda l'aspetto sostanziale, invece, è rilevante la distinzione fra "tributi propri"[147]

---

[147] Secondo un orientamento precedente alla riforma del Titolo V della Costituzione, un tributo non sarebbe regionale semplicemente perché di spettanza della Regione, ma solo se la sua istituzione costituisca l'estrinsecazione del potere impositivo in capo all'Ente che lo ha deliberato. Nella sentenza n. 139 del 1999 la Corte costituzionale si è pronunciata sull'IRAP, in quella sede la Corte ha rilevato che nonostante la denominazione fosse regionale, di fatto non lo era, si poteva dire proprio nel limite in cui si intendesse per "proprio" un tributo finalizzato al finanziamento delle casse regionali.

Con la riforma costituzionale del 2001 l'orientamento della giurisprudenza si è modificato, acquistando rilievo nell'ambito dell'autonomia finanziaria regionale. Con le sentenze n. 296/2003 e 297/2003 la Corte costituzionale chiamata ad un altro pronunciamento su tributi di istituzione statale, ma di denominazione regionale (Irap e tassa automobilistica regionale), ha stabilito che nel quadro del nuovo art. 119 Cost. sono da considerare regionali solamente i tributi istituiti dalle Regioni con proprie leggi e nel rispetto del coordinamento complessivo del sistema tributario statale.

e "tributi erariali"[148] spettanti alla Regione, facendo venire meno la formulazione ambigua di "tributi deliberati" dalla Regione.[149]

I punti di contatto fra l'art. 119 Cost. e l'art. 36 nella sua nuova ipotetica riformulazione sono notevoli, soprattutto per quanto riguarda l'autonomia finanziaria e le fonti di entrata.[150]

Il quarto comma nella sua riformulazione, riguardante gli aiuti fiscali di Stato, dà alla Regione semplicemente la possibilità di disporre di tali aiuti, ma non attribuisce nessuna competenza relativa alla disciplina dei tributi erariali.

In questo ultimo senso il quarto comma andrebbe a restringere il campo di azione fiscale della Regione siciliana nei riguardi dello Stato, con

---

[148] Gli indici fondamentali per potere individuare il tributo, sono da ricercare fondamentalmente nella doverosità della prestazione e del collegamento delle risorse ottenute attraverso il prelievo di ricchezza con la spesa pubblica. In questo senso si vedano le sentenze n. 73/2005 e n. 334/2006.

Per una ricostruzione giurisprudenziale si vedano anche: sentenza n. 26/1982; n. 63/1990; 2/1995.

[149] Si veda *infra* § 2.

[150] Successivamente alla riforma dell'art. 119 Cost. la Regione siciliana avrebbe maggiori punti di autonomia, perché avrebbe la possibilità di intervento sulle leggi tributarie statali.

La giurisprudenza costituzionale fa discendere tale maggiore autonomia dall'art. 36 dello Statuto siciliano e dall'art. 6 primo comma delle norme attuative.

Nella sentenza 111/1999 la Corte ha affermato che "il testo dell'art. 36 dello Statuto traccia una netta separazione fra finanza statale e finanza regionale", anche se tale impostazione concretamente non ha mai avuto una sua attuazione, ciò perché la normativa di attuazione ha tradotto tale prerogativa in un sistema di finanziamento basato sulla devoluzione alla Regione dei finanziamenti provenienti dalla riscossione erariale nel proprio territorio.

un effetto paradossale alla luce anche dell'allargamento delle funzioni e dell'autonomia delle Regioni ordinarie che hanno reso superata la specialità della Regione siciliana.

Per quanto riguarda la modifica dell'art. 37, è legata e dipendente dalla modifica dell'art. 36.

Il criterio della territorialità riguardante la generalità dei tributi informa l'art. 36, ma dà mandato al legislatore di trovare le modalità di attuazione dello stesso. Nell'art. 37, invece, il criterio della territorialità è già accompagnato da elementi idonei alla sua individuazione.

Una prima ipotesi di questa doppia formulazione potrebbe essere che si voglia fare riferimento a diversi criteri di territorialità a seconda del tipo di tributo a cui si fa riferimento, ma la questione in tal senso resta aperta.

Per quanto riguarda l'art. 37 dello Statuto, invece, la Commissione ne ha previsto l'abrogazione.

Ciò comporterebbe dei problemi particolari per quanto riguarda la spettanza dei tributi erariali maturati nell'ambito regionale. Tale previsione, infatti, è prevista dall'art. 7 delle disposizioni attuative dello Statuto della Regione siciliana, che proprio per rendere concreto tale principio ne ha predisposto una norma apposita. Nel caso dovesse essere abrogato l'art. 37, verrebbe meno anche la ragion d'essere dell'art. 7, a meno che non si preveda una riformulazione del principio nell'ambito dello Statuto siciliano.

Per quanto riguarda l'art. 38,[151] infine, la bozza di riforma propone un meccanismo diretto per la realizzazione della perequazione.

Il confronto costituzionale con l'art. 119, quinto comma, mette in forte crisi l'art. 38 nella sua versione riformulata. I motivi sono di diverso ordine: vi è un problema sia per quanto riguarda i meccanismi di assegnazione delle risorse e al suo grado di autonomia sia per quanto riguarda le finalità perseguite.

Il secondo comma dell'art. 38 riproposto sembrerebbe andare contro il sistema costituzionale e all'opportunità di una migliore gestione delle risorse, ciò perché il meccanismo di spesa ordinaria non è previsto da nessuna norma dell'ordinamento statale.

La perequazione fiscale, in base all'assetto costituzionale dopo la riforma, rappresenta uno strumento di finanziamento ordinario per le attività svolte dalle Regioni a Statuto ordinario, le quali oltre ai tributi propri e alla compartecipazione, hanno anche l'assegnazione delle risorse perequative.

Per la Regione siciliana è diversa la questione, in quanto si tratta di una spettanza

---

[151] Il testo prevede che "Lo Stato verserà annualmente alla Regione, a titolo di solidarietà nazionale, una somma da impiegarsi, in base ad un piano economico.

Le risorse assegnate a questo titolo alla Regione sono da considerare aggiuntive rispetto alla ripartizione ordinaria della spesa statale e sono destinate a compensare la minore dotazione infrastrutturale economica e civile del territorio regionale rispetto alla media nazionale e sono pari ad un decimo della spesa pubblica per la realizzazione di infrastrutture nel territorio nazionale.

La Regione siciliana partecipa alla ripartizione del fondo perequativo di cui al comma 3 dell'articolo 119 della Costituzione."

integrale del gettito dei tributi erariali, in questo senso il richiamo sarebbe improprio. Occorre mettere in evidenza, però, che la possibilità di avere più fonti da cui potere attingere per finanziare l'attività di fornitura e organizzazione dei servizi, non deve andare a stravolgere la specialità della Regione siciliana.

Appare particolarmente rilevante, invece, la mancata piena attuazione dell'art. 38,[152] con la non assegnazione da parte dello Stato di quanto dovuto alla Regione siciliana, se non in modo forfetario dopo anni di negoziazioni fra Stato e Regione.

In questo senso sarebbe opportuno introdurre un parametro oggettivo sul *quantum* e sulle modalità di erogazione delle risorse alla Regione siciliana. In questo modo si assicurerebbero alla Regione non solo i fondi necessari per il suo funzionamento ottimale e di sviluppo, ma si permetterebbe una programmazione migliore, presupposto necessario dello sviluppo, grazie alla certezza, anche nella tempistica, delle risorse erogate.

---

[152] Sulla mancata attuazione dell'art. 38 si veda *infra* § 4.

Conclusioni

Dall'analisi condotta emergono degli elementi che non possono essere sottovalutati.

La scelta di percorrere un certo sentiero verso un federalismo completo, non è privo di risvolti pratici a seconda del tipo di applicazione concreta che si vuole dare al sistema nel suo insieme.

L'elemento certo e dal quale si deve trarre la conclusione naturale è che ormai il sistema europeo "impone" delle strutture nazionali in grado di intercettare le opportunità, anche di tipo economico, create in ambito comunitario. Questo tipo di sviluppo è possibile soltanto se si crea un decentramento regionale con strumenti di tipo legislativo e finanziario e attribuendo un certo grado di responsabilità nel caso di non raggiungimento degli obiettivi prefissati.

Per far sì che ciò sia sostanziale e non solamente formale, bisogna che tutte le realtà regionali abbiano pari opportunità e non rimangano economicamente fuori dal contesto europeo, rendendo maggiormente grave la situazione economica e sociale del territorio di competenza.

In questa situazione occorrerebbe un federalismo che sia in grado di garantire uno sviluppo equilibrato in tutto l'ordinamento e di tipo solidale, perché se così non fosse si "costringerebbe la Regione (siciliana) a misurarsi con quelle più ricche, senza avere in cambio le giuste risorse, indispensabili a colmare lo storico divario infrastrutturale, di servizi, di innovazione ed occupazionale che rischia di mortificare per sempre ogni prospettiva."[153]

Secondo quanto previsto dall'ordinamento giuridico italiano, anche alla luce delle riforme sia costituzionali sia legislative, la Regione siciliana ha un certo grado di autonomia, precedente anche alla riforma della Costituzione, nell'introduzione di tributi propri e, secondo ormai giurisprudenza consolidata nel tempo e risalente anche all'ormai abolita Alta corte per la Regione siciliana, nelle agevolazioni fiscali inerenti ai tributi propri istituiti con legge regionale.

Per quanto riguarda, invece, le agevolazioni fiscali sui tributi di istituzione statale, la giurisprudenza negli anni ha consolidato un orientamento specifico che tiene conto di determinati parametri.

In sostanza non è escluso che la Regione possa introdurre delle agevolazioni fiscali, ma deve rispettare due requisiti: tali agevolazioni devono essere previste da una disposizione di legge nazionale e deve corrispondere ad un interesse specifico della Regione. In questo contesto giurisprudenziale si deve considerare un ulteriore limite: quello comunitario. In questo senso deve essere evidenziato l'art. 87 del Trattato dell'Unione europea che ha come scopo quello della tutela interna della concorrenza.

La Regione siciliana, come si è potuto vedere, ha esercitato la prerogativa dell'imposizione tributaria una sola volta, con la legge regionale n. 2

---

[153] Così nella mozione n. 87 approvata dall'Assemblea regionale siciliana il 21 gennaio 2009, in *www.ars.sicilia.it.*

del 26 marzo 2002 (c.d. "tributo ambientale"), a fronte di una più ampia competenza in tal senso.[154]

Rispetto a questa competenza, sostanzialmente non esercitata e che rappresenta l'espressione più alta del federalismo, la Regione siciliana è l'unica Regione che ha il diritto di ricevere dallo Stato le somme dei tributi versati dai soggetti residenti nell'ambito del proprio territorio regionale.

All'atto della sua introduzione, e quindi prima delle riforme costituzionali e della legge delega con i suoi otto decreti legislativi attuativi, è stata ritenuta una vittoria dell'autonomia della Regione siciliana, ma paradossalmente nel tempo si è trasformata nell'esatto contrario rispetto ad una peculiarità di vantaggio.

Questo sistema fa sì che la Regione siciliana sia influenzata dalle scelte di politica fiscale dello Stato centrale, senza nessuna possibilità di intervento. Se lo Stato, infatti, dovesse decidere di elevare la pressione fiscale, ci sarebbe un corrispondente aumento di trasferimenti finanziari alla Regione siciliana. Al contrario, invece, se lo Stato dovesse decidere di concedere agevolazioni

[154] Anche se su tale tributo molto si è discusso a causa della sua applicazione ritenuta poco incline al federalismo fiscale, in quanto l'onere complessivo dell'intero gettito del tributo sarebbe a carico di soggetti diversi dai beneficiari finali che ne traggono vantaggio sotto forma di spesa pubblica. In questo senso è stato ritenuto lesivo del principio fondante del federalismo fiscale, cioè lo stretto legame fra il pagamento del tributo, effettuato attraverso il prelievo dell'Autorità regionale, e il territorio. In questo senso si veda M. BARBERO, *Bocciatura definitiva per la "tassa sul tubo" della Regione siciliana*, in *www.forumcostituzionale.it*.

fiscali o comunque abbassare la pressione fiscale, il carico sarebbe sostenuto anche dalla Regione che vedrebbe ridotti i propri trasferimenti finanziari.

In sostanza la Regione siciliana si ritrova nel paradosso di avere uno Statuto nato per dare la massima espansione di autonomia in materia tributaria, ma nella concreta applicazione è l'esatto contrario con un'invadenza massima fra il sistema centrale e quello regionale, in cui l'uno influenza e subisce le scelte dell'altro.

Sotto questo aspetto, nell'attesa di una riforma complessiva che investa anche l'aspetto finanziario, si potrà applicare l'art. 10 della legge costituzionale n. 3 del 2001, la quale stabilisce che "Sino all'adeguamento dei rispettivi statuti, le disposizioni della presente legge costituzionale si applicano anche alle Regioni a statuto speciale ed alle province autonome di Trento e di Bolzano per le parti in cui prevedono forme di autonomia più ampie rispetto a quelle già attribuite."

Ciò fa sì che non sia propriamente corretta un'interpretazione restrittiva che arrivi a negare il potere impositivo alla Regione siciliana alla luce della riforma del Titolo V della Costituzione, in quanto se con l'art. 119, secondo comma, della Costituzione si riconosce tale potestà alle Regioni a Statuto ordinario, anche se alcune pronunce della Corte costituzionale hanno bloccato tale prerogativa, *a fortiori* deve essere riconosciuta tale prerogativa alle Regioni a Statuto speciale, quindi anche alla Regione siciliana, attraverso l'art. 10 Cost., anche se si dovesse prescindere dal contenuto dello Statuto.

Bibliografia

ANARCHI A. – LIBERATI G., *Responsabilizzazione dei governi regionali e perequazione fiscale*, in *Quaderni di Italianieuropei*, 1/2009;

ATRIPALDI V., *Introduzione a Federalismi fiscali*, in V. ATRIPALDI - R. BIFULCO, (a cura di), *Federalismi fiscali e Costituzioni*, Torino, 2001;

BALDINI V., *Autonomia costituzionale dei Laender, principio di omogeneità e prevalenza del diritto federale*, in AA.VV (a cura di M. SCUDIERO), *Il diritto costituzionale comune europeo. Principi e diritti fondamentali*, Napoli, 2002;

BARBERO M., *Bocciatura definitiva per la "tassa sul tubo"della Regione siciliana*, in *www.forumcostituzionale.it*;

BARCA F. – CAPPIELLO F. - RAVONI L. – VOLPE M., *Federalismo, equità, sviluppo – I risultati delle politiche pubbliche analizzati e misurati dai Conti Pubblici Territoriali*, Bologna, 2006;

BARTOLES S. – BIN R. – FALCON G. – TOSI R., *Diritto regionale. Dopo le riforme*, Bologna, 2003;

BERTOLISSI M., *Federalismo fiscale: nozione giuridica*, in *Federalismo fiscale,* I, Napoli, 2007;

BIAGI F., *Federalismo fiscale: analisi e proposte*, in *Liuc Papers Serie economica e impresa*, 57/2007;

BLANCO VALDES R. L., *La seconda decentralizzazione spagnola: fra riforma confederale e Stato possibile*, in S. GAMBINO (a cura di), *Regionalismi e Statuti. Le riforme in Spagna e in Italia*, Milano, 2008;

BRANCASI A., *L'attuazione del federalismo fiscale attraverso i principi contenuti nell'art. 119 Cost.*, in *I principi costituzionali e comunitari del federalismo fiscale*, Torino, 2007;

BRANCASI A., *L'autonomia finanziaria delle Regioni e l'attuazione dell'art. 119 della Costituzione,* in *relazione del Convegno Titolo quinto, devolution, Regione Umbria*, Perugia 5 maggio 2006;

BUCHANAN J. M., *Federalism and fiscal equity*, in *The American economic review*, XL, 1950, 583-599;

BUSCEMA A., *problemi di attuazione dello Statuto siciliano in materia finanziaria*, in *La finanza pubblica*, 1965;

CALAMIA A. M. – VIGIAK V., *Manuale breve di diritto comunitario*, Milano, 2007;

CAMPANELLI G. (a cura di), *Quali prospettive per il federalismo fiscale? L'attuazione della legge delega tra analisi del procedimento e valutazione dei contenuti*, Milano, 2012;

CANINO P. (a cura di) *Giurisprudenza della Corte costituzionale. Pronunce relative al contenzioso Stato – Regione siciliana*, in www.ars.sicilia.it, 2012;

CARETTI P. – TARLI BARBIERI G., *Diritto regionale*, Torino, 2007;

CARUSO A., *Il federalismo fiscale e l'unità economica della Repubblica: il ruolo della Corte dei Conti*, in www.unimi.it;

CERIANI V., *Federalismo, perequazione e tributi: dalle riforme degli anni novanta al nuovo titolo V*, in F. BASSANINI – G. MACCIOTTA (a cura di), *L'attuazione del federalismo fiscale. Una proposta*, Bologna, 2003;

144

CORALLI E., *Federalismo fiscale e Costituzione. Essere e dover essere in tema di autonomia di entrata e di spesa di Regioni ed Enti locali*, Milano, 2010;

COVINO F., *La perequazione finanziaria nella Costituzione*, Napoli, 2008;

CUVA A., *L'Autonomia finanziaria della Regione Siciliana: i limiti e le ipotesi di riforma*, Palermo,1999;

DAGNINO A., *Agevolazioni fiscali e potestà normativa*, Padova, 2008;

DE FINA S., *Autonomia legislativa della Regione siciliana*, Milano, 1957;

DE GRAZIA D., *L'autonomia finanziaria degli enti territoriali del nuovo Titolo V della Costituzione,* in *Le istituzioni del federalismo,* Torino, 2002;

DE IOANNA P., *Il Titolo V della Costituzione: livelli essenziali e perequazione. Note e spunti alla luce della recente giurisprudenza costituzionale*, in *www.giustizia-amministrativa.it*, 2004;

DE PAOLIS D., *L'autonomia finanziaria delle regioni nel nuovo sistema delineato dalla riforma del Titolo V della Costituzione,* in G. TARANTINI (a cura di), *Il federalismo a Costituzione variata,* Torino, 2002;

DE VERGOTTINI G., *Diritto costituzionale comparato*, Padova 1999;

DE VITI DE MARCO A., *Mezzogiorno e democrazia liberale. Antologia degli scritti*, A.L. DENITTO (a cura di), Bari, 2008;

DE VITI DE MARCO A., *Un trentennio di lotte politiche: 1894-1922*, A. M. FUSCO (a cura di), Napoli, 1994;

DI GREGORIO S., *Dossier contenente proposte per la revisione dello Statuto (articoli in esame 35, 37, 38)*, in *www.ars.sicilia.it*;

FAUSTO D. – PICA F., *Introduzione,* in *Teoria e fatti del federalismo fiscale*, Bologna, 2000;

FEDELE A., *Commento all'art. 23 Cost.*, in *Commentario alla Costituzione*, A. SCIALOJA E G. BRANCA (a cura di), in *Commentario della Costituzione*, Bologna – Roma, 1978;

FICARI V., *Prime note sull'autonomia tributaria delle Regioni a Statuto speciale (e della Sardegna in particolare)*, in *Rass. Trib.,* 2001;

FIORILLO F., *Perequazione e incentivi all'accertamento regionale della base imponibile dell'imposte proprie,* in *Riv. Diritto Finanziario,* III/2002;

FOLLI S., *Bene l'idea ma ora tutti i costi,* in *Il Sole 24 Ore* del 30 aprile 2009;

FRANSONI G. – DELLA CANANEA G., *Commento all'articolo 119,* in *Commentario della Costituzione,* BIFULCO, - CELOTTO - OLIVETTI (a cura di), Milano, 2006;

FREGNI M. C., *Riforma del Titolo V della Costituzione e federalismo fiscale,* in *Rass. trib.,* 2005;

GAMBINO S., *La riforma regionale e locale fra sussidiarietà, autonomia e federalismo,* in AA.VV., *Guida normativa per gli enti locali,* I, 2007;

GAMBINO S., *Normazione regionale e locale e tutela dei diritti fondamentali (fra riforme costituzionali, sussidiarietà, e diritti fondamentali),* in AA. VV., *Tecniche di normazione e tutela giurisdizionale dei diritti fondamentali,* Torino, 2007;

147

GIACALONE V., *La Regione Siciliana dinanzi alla prospettiva del federalismo fiscale*, in *I quaderni di SiciliAutonomie*, Palermo, 2000;

GIACALONE V., *Le risorse finanziarie della Regione nella prospettiva del federalismo*, in *Testi e studi sull'autonomia siciliana-Quaderni*, Palermo, 1997;

GIARDA P., *Le regole del federalismo fiscale nell'articolo 119: un economista di fronte alla nuova Costituzione*, in *società italiana di Economia Pubblica Working papers*, n° 115/2001;

GIARDA P., *Regioni e federalismo fiscale*, Bologna, 1995;

GIARDA P., *Sull'incompletezza del sistema del federalismo fiscale proposto dalla nuova Costituzione: ci sono rimedi?*, in www.astrid-online.it, 2003;

GREGGI M., *Tributi regionali e vincoli comunitari: i limiti europei alla potestà impositiva regionale (quando il controllo di compatibilità comunitaria passa attraverso la Corte Costituzionale*, in *Rassegna tributaria*, 2008, 1449-1477;

GROPPI T., *Il federalismo fiscale nel quadro costituzionale*, in *Rivista di diritto pubblico italiano, comunitario e comparato*, 14 novembre 2008;

JORIO E., *Diritto sanitario*, Milano, 2006;

JORIO E., *Il federalismo fiscale nella previsione costituzionale*, in *Il federalismo fiscale*, Santarcangelo di Romagna, 2009;

JORIO E., *Il fondo perequativo e i livelli essenziali delle prestazioni sanitarie*, in G. GAMBINO (a cura di), *Assistenza sociale e tutela della salute. Verso un nuovo welfare regionale-locale*, Roma, 2004;

JORIO E., *La perequazione nel d.d.l. delega di attuazione del federalismo fiscale licenziato dal Governo il 3 agosto 2007*, in www.federalismi.it, n. 18/2007;

JORIO E., *Prime riflessioni sul testo "Giarda bis"*, in www.federalismi.it, 9/2007;

KHELENA N., *L'autonomia tributaria delle Regioni e degli enti locali: lo stato di attuazione dell'art. 119 Cost. alla luce della giurisprudenza della Corte Costituzionale*, in *Le istituzioni del federalismo*, n. 6/2004;

LA BARBERA G., *Lineamenti di diritto pubblico della Regione siciliana*, Milano, 1965;

LAURICELLA G. – GUADALUPI G., *Lo Statuto speciale della Regione siciliana*, Milano, 2010;

MARTINES T. – RUGGERI A. – SALAZAR C., *Lineamenti di diritto regionale*, Milano, 2002;

MARTINES T., *Questioni e dibattiti sulla legislazione regionale siciliana*, in *Riv. trim. dir. Pubbl.*, 1954;

MAZZILLO L., *Federalismo fiscale e patto di stabilità*, Relazione al Convegno *Dal federalismo legislativo al federalismo fiscale*, Castello di Rivoli, 9 luglio 2004;

MICHELI G. A., *Lezioni di diritto tributario*, Roma, 1968;

MOR G., *Il riordino della sanità nella crisi dello Stato sociale e della Costituzione materiale,* in *Le Regioni*, 1994;

MORO B., *Incentivi fiscali e politiche di sviluppo economico regionale in Europa*, in *Moneta e Credito*, vol. 54, 2001, 343-388;

MORTATI C., *Istituzioni di diritto pubblico*,[10] Padova, 1991;

MUSSOLINO S., *I rapporti Stato – Regioni nel nuovo titolo V alla luce dell'interpretazione della Corte Costituzionale*, Milano, 2007;

MUSUMECI A., *Autonomia finanziaria, livelli di governo e finanziamento delle funzioni*, in E. BETTINELLI – F. RIGANO (a cura di), *La riforma del Titolo V della Costituzione e la giurisprudenza costituzionale. Atti del seminario svoltosi a Pavia il 6 e 7 giugno 2003*, Torino, 2004;

NICOTRA I., *Principio unitario e federalismo fiscale negli ordinamenti a struttura decentrata*, in *Rivista italiana di diritto pubblico comunitario,* 1/2005;

OATES W. E., *Toward a Second-Generation Theory of Fiscal Federalism*, in *International Tax and Public Finance*, XII/2005, 349-373;

PARLATO A., *Trent'anni di finanza della Regione siciliana*, Palermo, 1979;

PEREZ R., *La finanza pubblica*, in S. CASSESE (a cura di), *Trattato di diritto amministrativo, Diritto amministrativo generale*, I, Milano, 2003;

PETRETTO A., *La legge delega sul federalismo fiscale: problematiche e opportunità per gli enti locali*, in <u>www.federalismi.it</u>, 2009;

PICA F. (a cura di), *Federalismo fiscale*, in *Rivista economica del mezzogiorno*, Bologna, 2009;

PIERANDREI F., *Prime osservazioni sull'autonomia finanziaria delle regioni e sull'esperienza siciliana,* in *Scritti di diritto costituzionale*, II, Torino, 1964;

PITRUZZELLA G., *Problemi e pericoli del "federalismo fiscale"in Italia*, in *Le Regioni*, n. 5/2002;

PUZZO F., *Il federalismo fiscale. L'esperienza italiana e spagnola nella prospettiva comunitaria,* Milano, 2002;

ROSEN H. S., *Scienza delle finanze*, Milano, 2003;

RUSSO P., *Manuale di diritto tributario – parte generale*, Milano, 2007;

SAMUELSON P. A. – NORDHAUS W. D., *Economics*, Bologna, 1992;

SORRENTINO F., *Coordinamento e principi costituzionali,* in *L'attuazione del federalismo fiscale, Atti del Convegno svoltosi venerdì 11 giugno 2010, presso l'Università La Sapienza di Roma,* in *Rassegna Tributaria,* n. 6/2010;

SPAGNA MUSSO E., *Giurisprudenza dell'Alta corte per la Regione siciliana,* in *Rass. dir. pubbl.,* I, 1956;

STEFANI G., *Economia della finanza pubblica,* Padova, 1999;

TESAURO F., *Le basi costituzionali della fiscalità regionale e locale,* in *La finanza locale,* 9/2005;

TIEBOUT C. M., *A pure theory of local expenditures,* in *J of political economy,* LXIV, 1956;

TRABUCCHI M., *Fragilità e devolution: appunti sulla protezione dei deboli in un sistema sanitario regionalizzato e oltre,* in *Tendenza nuove,* III, Bologna, 2003;

VILLANI S., *Il teorema dell'elettore mediano,* in F. PICA, *Teoria dell'intervento pubblico,*[2] Torino, 2011.

Indice delle pronunce giurisprudenziali

Alta Corte per la Regione siciliana

Sentenza n. 7 del 13 agosto 1948 – 15 gennaio 1949.

Corte costituzionale

1957

Sentenza n. 9 del 26 gennaio 1957, in www.cortecostituzionale.it;

Sentenza n. 58 del 13 aprile 1957, in G.U.R.I. n. 104 del 20 aprile 1957 e in G.U.R.S. n. 20 del 23 aprile 1957;

Sentenza n. 113 del 28 giugno 1957, in G.U.R.I. n. 174 del 13 luglio 1974 e in G.U.R.S. n. 47 del 16 luglio 1957;

Sentenza n. 116 dell'1 luglio 1957, in G.U.R.I n. 174 del 13 luglio 1974 e in G.U.R.S. n. 37 del 16 luglio 1957;

Sentenza n. 117 dell'1 luglio 1957, in G.U.R.I. n. 174 del 13 luglio 1974 e in G.U.R.S. n. 37 del 16 luglio 1957.

1958

Sentenza n. 25 del 27 febbraio 1958, in G.U.R.I. n. 66 del 15 marzo 1958 e in G.U.R.S. n. 16 del 20 marzo 1958.

1967

Sentenza n. 122 del 15 novembre 1967, in www.cortecostituzionale.it.

1970

Sentenza n. 6 del 15 gennaio 1970, in G.U.R.I. n. 24 del 28 gennaio 1970.

1973

Sentenza n. 158 del 9 novembre 1973, in G.U.R.I. n. 307 del 21 novembre 1973.

1974

Sentenza n. 97 del 4 aprile 1974, in G.U.R.I. n. 107 del 24 aprile 1974;
Sentenza n. 299 del 19 dicembre 1974, in www.cortecostituzionale.it.

1982

Sentenza n. 26 dell'8 febbraio 1982, in G.U.R.I. n. 47 del 17 febbraio 1982.

1990

Sentenza n. 63 del 18 gennaio 1990, in G.U.R.I. n. 6 del 7 febbraio 1990.

1993

Sentenza n. 40 del 28 gennaio 1993, in G.U.R.I. n. 8 del 17 febbraio 1993;
Sentenza n. 362 dell'11 giugno 1993, in G.U.R.I. n. 32 del 4 agosto 1993.

1995

Sentenza n. 2 del 11 gennaio 1995, in G.U.R.I. n. 3 del 18 gennaio 1995.

1999

Sentenza n. 111 del 24 marzo 1999, in G.U.R.I. n. 15 del 14 aprile 1999;
Sentenza n. 138 del 14 aprile 1999, in G.U.R.I. n. 17 del 28 aprile 1999.

2003

Sentenza n. 370 del 17 dicembre 2003, in G.U.R.I. n. 52 del 31 dicembre 2003;
Sentenza n. 296 del 22 settembre 2003, in G.U.R.I. n. 39 del 1 ottobre 2003;
Sentenza n. 297 del 22 settembre 2003, in G.U.R.I. n. 39 del 1 ottobre 2003.

2004

Sentenza n. 16 del 10 gennaio 2004, in G.U.R.I. n. 3 del 21 gennaio 2004;

Sentenza n. 37 del 20 gennaio 2004, in G.U.R.I. n. 28 del 4 febbraio 2004;

Sentenza n. 306 del 13 ottobre 2004, in G.U.R.I. n. 42 del 27 ottobre 2004;

Sentenza n. 378 del 29 novembre 2004, in G.U.R.I. n. 48 del 15 dicembre 2004.

2005

Sentenza n. 73 del 7 febbraio 2005, in G.U.R.I. n. 7 del 16 febbraio 2005.

2006

Sentenza n. 134 del 23 marzo 2006, in G.U.R.I. n. 14 del 5 aprile 2006;

Sentenza n. 334 dell'11 ottobre 2006, in G.U.R.I. n. 43 del 25 ottobre 2006.

2012

Sentenza n. 64 del 7 marzo 2012, in G.U.R.I. n. 13 del 28 marzo 2012;

Sentenza n. 71 del 21 marzo 2012, in G.U.R.I. n. 14 del 4 aprile 2012.

ISBN 978-1-326-77872-9